要件事実入門

紛争類型別編

第3版

岡口　基一●著

創耕舎

第３版はしがき

１　「紛争類型別」が改訂され、４訂版となりました。本書第３版は、これに伴う改訂です。

２　「紛争類型別」は、令和３年から、司法修習生に配付される図書に加わりました。そのため、本書は、今後は、司法修習生にとっても、難解な「紛争類型別」を平易に読み解くための副教材として必携のものとなりそうです。村田渉元司法研修所民事裁判教官は、最近の実務家が作成する訴状や準備書面について、必要十分な要件事実が記載されていないものが少ないとし、「要件事実は黄昏かなどと言われて久しい。」と嘆かれています（金融法務事情 2160 号１頁）。こういう批判を受けることがないように、司法修習生のみなさんは、司法修習期間中に、本書を使って、「紛争類型別」を十分にマスターして下さい。

３　他方、司法試験においては、「要件事実離れ」が顕著です。司法試験の論文試験の民法の問題は、旧司法試験に回帰したかのようです。超長文の事例問題から必要な要件事実を抽出して整理するタイプの問題は、法的思考力よりも事務処理能力を試しているものであるなどと批判され、出題されにくくなっています。こうした問題傾向の変化は、要件事実の勉強方法も変えつつあります。以前のように、分厚い要件事実本に果敢に取り組む時代ではなくなり、予備試験に出題されるところだけを要領よく押さえることが早期合格に結びついています。もっとも、「紛争類型別」が司法試験・予備試験における要件事実の出題範囲を画するものであるという点は変わっていませんから、それをわかりやすく理解するための本書が司法試験・予備試験受験生にとって重要な副教材であることは、これまでと変わるものではありません。

４　最後になりましたが、本書第３版の出版に際しても、創耕舎のみな様に大変にお世話になりました。この場を借りて、厚く御礼を申し上げます。

令和６年４月

岡口基一

◇凡　例◇

本書中の略語は、以下のように用いた。

【法令名】

旧借地…………………旧借地法
借地借家………………借地借家法
商　　…………………商　法
不　登…………………不動産登記法
民　　…………………民　法
民　執…………………民事執行法
民　訴…………………民事訴訟法

【裁判例集】

民　録…………………大審院民事判決録
民　集…………………最高裁判所民事判例集
　　　　　　　　　　大審院民事判例集
裁判集民事……………最高裁判所裁判集　民事
判決全集………………大審院判決全集
新　聞…………………法律新聞
判　タ…………………判例タイムズ

【文献等】

最判解民………………最高裁判所判例解説　民事編
判　タ…………………判例タイムズ
金　判…………………金融・商事判例

◇著者紹介◇

岡口　基一（おかぐち　きいち）

＜略歴＞

平成 6年4月　判事補
平成11年4月　東京地方裁判所知的財産権部特例判事補
平成16年4月　福岡地方裁判所行橋支部判事
平成27年4月　東京高等裁判所判事
平成31年4月　仙台高等裁判所判事
現在　　　　　伊藤塾専任講師

＜主要著書・論文＞

著書

『要件事実入門』（2014年、創耕舎）
『民事訴訟マニュアル－書式のポイントと実務－上・下（第2版）』（2015年、ぎょうせい）
『裁判官！ 当職そこが知りたかったのです。』（2017年、学陽書房）
『民事保全非訟マニュアル－書式のポイントと実務』（2019年、ぎょうせい）
『裁判官は劣化しているのか』（2019年、羽鳥書店）
『最高裁に告ぐ』（2019年、岩波書店）
『要件事実問題集（5版）』（2020年、商事法務）
『要件事実マニュアル 第1巻～第5巻（6版）』（2020年、ぎょうせい）
『要件事実入門初級者編第3版』（2022年、創耕舎）
『ゼロからマスターする要件事実』（2023年、ぎょうせい）
『破産・再生マニュアル 上・下』（2023年、ぎょうせい）
『要件事実入門 司法試験予備試験出題形式編（第2版）』（2024年、創耕舎）
『民事執行マニュアル 上・下』（2024年、ぎょうせい）

論文

「知的財産権事件と公証実務」公証128号（2000年、日本公証人連合会）
「不正競争防止法2条1項3号」牧野利秋＝飯村敏明編『新裁判実務大系4 知的財産関係訴訟法』（2001年、青林書院）
「特許権侵害訴訟における要件事実」『知的財産権その形成と保護（秋吉稔先生喜寿記念論文集）』（2002年、新日本法規）
「著作権侵害訴訟の種類」牧野利秋＝飯村敏明編『新裁判実務大系22著作権関係訴訟法』（2004年、青林書院）
「継続的契約の解約」加藤新太郎＝小林康彦編『裁判官が説く民事裁判実務の重要論点』（2018年、第一法規）

目　次

第5章　不動産明渡し（賃貸借終了）

第6章　動産引渡し

第7章　譲受債権

第8章　その他の訴訟

第9章　民事保全・民事執行・書証の成立

第10章　司法試験予備試験の論文問題の分析

プロローグ

第1「紛争類型別」とは

1　司法試験・予備試験受験生向けの要件事実の「定番」本

司法研修所・４訂紛争類型別の要件事実－民事訴訟における攻撃防御方法の構造（2023年、法曹会）は、「紛争類型別」と呼ばれ、いわゆる「新問研」（司法研修所・改訂新問題研究要件事実（2023年、法曹会））と共に、司法試験・予備試験受験用の要件事実本の「定番」として使われ続けています。

このうち、新問研は、初学者向けに書かれた導入用のものであり、さらに進んで要件事実の学習をする際に、多くの受験生が、紛争類型別を選択しています。

2　「新問研」だけでは足りない

⑴　司法試験の合格体験記では、要件事実は新問研で足りるとの意見もみられますが、要件事実の「さわり」を解説したにすぎない新問研だけでは、受験対策としては十分とはいえません。

現に、過去の司法試験・予備試験に出題された要件事実は、新問研では全く取り上げられていないものも多く、一方で、紛争類型別では、そのほとんどが取り上げられています。

➡そして、紛争類型別にも載っていない要件事実は、ほとんどの受験生も知りませんから、そこで差がつくことはありません。

⑵　例えば、新問研には、予備試験での出題可能性のある「代理」の要件事実すら記載されていません。

また、「同時履行の存在効」の要件事実も、事前に十分に理解していなければ、いきなり試験場で思いつくことができるようなものではありません。予備試験で出題されたことがありますが、紛争類型別に詳しい説明がある一方で、新問研には全く記載がありません。

3　司法試験委員も参考にしている「紛争類型別」

要件事実論は、実務において発達した一種のスキルであって、司法研修所民事裁判教官室が編み出したものです。学問の対象となるようなものではないため、学者が体系書を作ることもありません。

そこで、司法試験委員は、要件事実の問題を作成する際には、司法研修所民事裁判教官室が作成した書籍を参考にします。それが一番間違いないですし、これに匹敵するだけの「権威」があるものが他にないからです。

例えば、時効取得を原因とする所有権移転登記請求の要件事実は、司法研修所民事裁判教官室の見解が、実務や学説から見れば独自の見解ともいうべきもので、これに賛同する学説もおよそ見当たらないのですが、平成26年の予備試験では、この独自の見解に沿った出題がされました。

4　要件事実の出題範囲を画する「紛争類型別」

市販されている要件事実本の中には、500頁を超える分量のものや、上下巻に分かれているものもあります。また、司法研修所民事裁判教官室は、過去に多くの要件事実本を発表していますが、その中にはかなり難解な内容のものもあります。

しかしながら、多くのロースクールにおいて、新問研と紛争類型別が指定教科書とされており、事実上、この２冊が、要件事実の出題範囲の上限を画するものとして機能しています。司法試験委員としても、この２冊の中から出題しておけば、ロースクールから批判されずに済むからです。

例えば、平成28年の予備試験では、真正な登記名義の回復を原因とする所有権移転登記請求が出題されました。法学部において不動産登記法の学習をほとんどしないにもかかわらず、不動産登記の中でも応用編であるこの登記の出題は、予備試験の出題範囲を超えているという批判もありそうなところですが、紛争類型別において詳細な説明がされていることから、多くの受験生は、難なくこの問題をクリアしました。

5「紛争類型別」の問題点

しかしながら、紛争類型別には、致命的な欠陥が３つあります。①司法修習生のために書かれた書籍であるため、初学者向けの平易な説明は一切なく、初学者には理解が困難であること、②司法試験・予備試験での出題可能性がおよそないものも含まれていること、そして、③内容が古いため、現在の司法研修所民事裁判教官室の見解と一部異なっていることです。

➡紛争類型別は、平成５年頃の司法修習において出題された演習問題がベースになっていますから、すでに約30年も前の見解です。４訂版になった際に手直しはされましたが、基本的には昔の見解のままです。

そのため、合格体験記でも、紛争類型別は独学向けではないとの意見が多くみられます。

ロースクールでは、紛争類型別を教科書にしているところもありますが、授業において、易しく教えてもらえますし、また、どの部分がオーバースペックであるかなどの適切な指導もされますから、ロースクール生にとっては、上記３、４の利点のある紛争類型別がベストな選択であるのは確かです。

他方、独学で紛争類型別を読み進めるのは、一般には大変な困難を伴います。

➡難解な箇所を読み飛ばすという「能力」も必要です。

紛争類型別は、薄くて、値段も安いので、大学生などの初学者が買ってしまいがちなのですが、実際に読み始めると、説明もなくいきなり現れる特殊な「要件事実用語」や、いかにも当時の司法研修所民事裁判教官室を思わせる「机上の空論」に振り回され、すぐに、読むのが嫌になります。

6　求められている要件事実本

以上をまとめますと、司法試験受験生に求められているベストな要件事実本とは、新問研＋紛争類型別に掲載された情報の中から、オーバースペックなものを排除し、見解が古くなっているところを現在の見解に改め、そして、何よりも、初学者でもわかるように易しく書いている本ということになります。

7　本書の目的

本書は、紛争類型別に掲載された全情報のうち、司法試験・予備試験に出題される可能性があるもののみを取り扱うものであり、司法研修所民事裁判教官室の見解が古くなっているところは現在の見解に改め、また、司法修習生向けに書かれた内容を、初学者でもわかるように易しく説明しています。

そして、これが、現在のところ、独学の司法試験・予備試験受験生にとってベストな要件事実の学習方法ということができます。

➡また、本書には、紛争類型別のみならず、新問研の情報も網羅されていますから、本書さえあれば、紛争類型別のみならず、新問研も読む必要がなくなります。そこで、本書では、本文中で、新問研の該当頁についても注記することにしました。

さらに、本書は、付録として、平成23年以降の司法試験予備試験の民事実務科目の論文試験の要件事実的分析もしています。

➡どの問題も平成29年改正後の民法が適用されるものとして解説しています。

➡なお、平成18年、平成20年及び平成21年の司法試験予備試験の問題は、拙著・要件事実問題集（第５版）（商事法務）において、詳しい解説をしています。

第2 請求及び攻撃防御方法の複数

1　概　要

新問研は、初学者向けの書籍であるため、どの例題でも、一つの訴訟において、一つの請求がされており、また、請求原因、抗弁、再抗弁といった攻撃防御方法も、それぞれ一つずつでした。

ところが、紛争類型別では、一つの訴訟において、複数の請求がされており、また、攻撃防御方法も複数であるものがほとんどです。

そこで、請求や攻撃防御方法の複数について、簡単にまとめておきましょう。

2　請求の複数

ア　訴訟物

給付訴訟（給付（＝金員の支払や物の引渡し等）を求める訴訟）とは、原告が、実体上の給付請求権（例えば「売買代金支払請求権」）を、訴訟提起という形で行使するものですから、その訴訟において、原告が当該請求権を有していることが認められれば原告が勝訴し、認められなければ被告が勝訴します。そこで、給付訴訟では、当該請求権があるかないかの審理判断がされます。

ところで、訴訟の審理判断の対象のことを、講学上、「訴訟物」と呼びますが、給付訴訟では、審理判断の対象となるのは当該請求権の存否ですから、それが訴訟物となります。

給付訴訟＝原告が行使している請求権の存否を審理判断

訴訟物＝訴訟の審理判断の対象

給付訴訟の訴訟物＝原告が行使している請求権の存否

イ　請求の複数

原告は、一つの訴訟で、複数の請求をすることができます（客観的併合）。

新問研では、どの事例でも請求が一つでしたが、紛争類型別では、一人の被告に対し、複数の請求をしています。

請求が複数になっても、要件事実の検討は、それぞれの請求について格別にすればいいだけであって、何か特別のことがあるわけではありません。

ウ　主請求と附帯請求

例えば、売買代金の支払期限が経過したのに代金が支払われない場合、売主は、買主に対し、売買代金支払請求をすると共に、期限が過ぎたことによって発生した損害の賠償請求をすることできます。この場合、売買代金請求と、履行遅滞に基づく損害賠償請求（遅延損害金請求）という二つの請求がされていますが、このように、遅延損害金や利息を、その発生原因をなす債務に係る請求と同一の訴えで請求する場合を附帯請求といい、その元となる請求を主請求といいます。売買代金支払請求が主請求であり、履行遅滞に基づく損害賠償請求が附帯請求になります。

➡訴訟を提起する際には手数料がかかりますが、請求額が高くなるほど手数料も高くなります。ところが、附帯請求には手数料がかからないとされています（民訴９条２項）。附帯請求という概念を設ける実益は、実は、この手数料の問題だけなのですが、実務的には、これはとても大きな問題です。

3　請求原因の複数

ア　請求原因

原告は、訴訟を提起するに際し、行使する請求権を特定し（請求の特定）、その請求を理由づける事実（＝広義の請求原因）を主張する必要があります。

請求を理由づける事実とは、その請求権の発生要件に該当する事実であるのが通常です（例外的にそれ以外の事実が加わることもあります）。

例えば、売買代金支払請求であれば、売買契約の成立により売買代金支払請求権が発生しますから、請求原因では、原告被告間で売買契約が成立したことを具体的に主張します。

イ　請求原因の複数

請求権の発生原因は、通常は一つしかないのですが、ごく例外的に、これが複数ある場合があります。

例えば、賃貸借の期間が満了したため、賃貸人が、賃借人に対し、賃貸物の明渡しを請求したところ、賃借人が、期間の満了を争ったため、賃貸人は、さらに、賃料不払を理由に当該賃貸借契約を解除したとします。

この場合、賃貸人としては、賃貸借の終了原因として、賃貸期間満了による終了と、解除による終了のどちらの主張もできますが、そのいずれか一方が認められれば、賃貸物の明渡請求権が発生しますから、「当該賃貸借は、期間の満了又は解除により終了した」などと主張しておけば足ります。

この場合、原告は、内容が異なる二つの請求原因を選択的に提出していることになりますが、このように、一つの請求について複数の選択的な請求原因が成立することがあります。

4　抗弁の複数

ア　抗　弁

被告は、訴訟物である請求権の消滅事由となる事実があれば、これを抗弁（消滅の抗弁）として提出することができます（例えば請求権の時効消滅の主張です）。

また、請求権の発生を障害させる事由となる事実（障害の抗弁）や、請求権の行使を阻止する事由となる事実（阻止の抗弁）があれば、これらを抗弁として提出することもできます。

➡例えば、当該売買契約が公序良俗違反無効であれば、売買代金支払請求権は発生しません（＝発生が障害されます）から、そのことは、売買代金支払請求訴訟において、障害の抗弁となります。

イ　抗弁の複数（紛争類型別 19 頁）

被告は、複数の抗弁を提出することができます。例えば、売買代金支払請求訴訟において、消滅時効の抗弁（当該売買代金支払請求権は時効消滅したとの主張）と弁済の抗弁（当該売買代金はすでに支払ったとの主張）を両方提出するなどです。

裁判所は、複数提出された抗弁のどれを先に審理判断しても構わないのが原則です。弁済の事実が簡単に認められそうであれば、弁済の抗弁を先に審理判断し、弁済の抗弁の成立を認めて原告の請求を棄却します。

もっとも、例外的に、相殺の抗弁は、それ以外の全ての抗弁が排斥された後に、最後に審理判断されることになっています（紛争類型別 35 頁）。相殺の抗弁は、自働債権の消滅という犠牲を伴うものであるためです。

また、請求の全部を排斥する抗弁（全部抗弁）と、請求の一部のみを排斥する抗弁（一部抗弁。例えば、100 万円の代金支払請求に対し 50 万円は弁済したとの抗弁）がある場合、前者が先に審理判断されます。

5　再抗弁以下の複数

ア　再抗弁以下

抗弁が提出されると、これに対し、原告は、抗弁による法律効果（請求権の消滅・発生障害・行使阻止）の発生を障害する事由となる事実があれば、これを再抗弁（障害の再抗弁）として提出することができます（例えば、消滅時効の抗弁に対し、時効完成猶予の再抗弁を提出するなどです）。

➡消滅の再抗弁や阻止の再抗弁も、ごくたまにですが存在します。

また、再抗弁に対し、被告は、再抗弁による法律効果（抗弁による法律効果の発生障害・消滅・行使阻止）の発生を障害する事由となる事実があれば、これを再々抗弁（障害の再々抗弁）として提出することができます。

➡消滅の再々抗弁や阻止の再々抗弁も、ごく例外的にですが存在します。

以下、再々々抗弁、再々々々抗弁……と続きます。

イ　再抗弁以下の複数

原告は、複数の再抗弁を提出することができます。例えば、消滅時効の抗弁に対し、時効の完成猶予の再抗弁と時効援用権喪失の再抗弁を両方提出するなどです。

裁判所は、複数提出された再抗弁のうち、どの抗弁を先に審理判断しても構わないのが原則です。

再々抗弁以下も同様です。

第1章

売買

第1 概 要

紛争類型別の第１章は、二つに分かれており、前半では売主が原告となる売買代金支払請求訴訟が、後半では買主が原告となる売買目的物の引渡請求訴訟が扱われています。

➡なお、買主が原告となる売買目的不動産の所有権移転登記訴訟は、紛争類型別の第４章で取り上げられています。

このうち、前半の売買代金支払請求訴訟では、附帯請求である遅延損害金請求も扱われていますが、この附帯請求に係る説の対立は、司法試験・予備試験の出題範囲を超えていることから、本書では、その説明は省略します。

この章では、抗弁がいくつも登場します。そのうち、手付解除以外は、売買に関する訴訟に特有の抗弁ではなく、その余の給付訴訟でも提出することができる一般的な抗弁です。

第２ 売買代金支払請求訴訟

1　訴訟の概要

売主が原告となり、買主を被告として、売買代金を請求する訴訟です。

2　訴訟物及び請求原因（紛争類型別１頁、新問研１頁、平成25 年司法試験（ただし保証）、平成18 年司法試験（ただし根保証））

訴訟物

売買契約に基づく売買代金支払請求権

請求の趣旨の例

被告は、原告に対し、300 万円を支払え。

➡附帯請求もする場合、「被告は、原告に対し、300 万円及びこれに対する令和○年○月○日から支払済みまで年３％の割合の金員を支払え。」などとなります。

売買代金支払請求訴訟の訴訟物は売買代金支払請求権です。売買契約が成立すると、それに基づいて発生するものですから、請求原因では、売買契約の成立の主張をします。

請求原因

抽象的要件	要件事実の例
売買契約の成立	原告は、被告に対し、令和○年○月○日に、Ａ土地を 300 万円で売った

➡民法 555 条によると、売買契約の成立要件は、「目的財産権の移転の合意」と「その対価としての代金の支払の合意」です。そこで、要件事実においては、売買の目的財産権と代金の記載が不可欠です。

3　履行期限の抗弁（紛争類型別７頁、新問研34頁）

ア　概　要

履行期限とは、例えば、売買代金を令和 10 年の年末に支払う合意をした場合のように、債務の履行に期限がある場合です。

それにもかかわらず、例えば、令和６年に、当該売買代金を支払えとの訴訟が提起された場合、買主は、履行期限の抗弁を提出することができます。

履行期限の抗弁

抽象的要件	要件事実の例
当該請求権に履行期限があること	当該売買契約において、代金の支払期限を令和 10 年 12 月 31 日とする合意がされた

イ 抗弁の性質

売買代金支払請求権は売買契約の成立時に発生しますが、履行期限があれば、その期限が到来するまで請求権を行使することができません。

そこで、被告は、履行期限があることを、「阻止の抗弁」(請求権の行使を阻止する事由)として主張することができます。

ウ 期限到来の再抗弁

履行期限が到来していれば、請求権の行使は阻止されませんから、原告は、その旨を再抗弁として主張することができます。

➡履行期限の抗弁による法律効果(請求権の行使の阻止)の発生を障害させる事由であるため、障害の再抗弁となります。

期限到来の再抗弁

抽象的要件	要件事実の例
当該履行期限が到来したこと	令和 10 年 12 月 31 日が到来した

エ 備考:停止条件の抗弁 (紛争類型別7頁)

停止条件(その条件が成就することを効力の発生要件とするもの)とは、例えば「息子が大学に合格したら売買代金を支払う」などの合意をした場合です。停止条件の抗弁は履行期限の抗弁と同じように考えれば足ります(停止条件があることで請求権の行使が阻止されると考えて、これを抗弁とし、当該停止条件の成就を再抗弁とします)。

4 同時履行の抗弁 (紛争類型別8頁、199頁)

ア 概 要

代金支払請求をされた買主は、例えば、売買の目的物である不動産について、自己の所有権移転登記がされていなければ、これがされるまで、代金の支払を拒絶することができます(民 533 条)。

➡所有権移転登記は、売主と買主が共同で申請してするものであるため、不動産の売主は、買主の所有権移転登記をする登記手続に協力する義務を負っています。

イ　抗弁の性質

a　権利抗弁

同時履行の抗弁は、その「行使」を必要とする特別な抗弁です（このような抗弁を「権利抗弁」といいます）。

そこで、被告は、裁判所に対し、この抗弁を行使をする旨の意思の表明をする必要があります（大判昭和10年2月19日新聞3816号7頁）。

b　阻止の抗弁

同時履行の抗弁が提出されると、同時履行関係にある債務を履行しない限り、当該請求権を行使することができなくなりますから、同時履行の抗弁は、請求権の行使を阻止するものとして、阻止の抗弁となります。

ウ　要件事実等

(1)　同時履行の抗弁においては、同時履行関係にある債務の発生原因を主張する必要があります。

もっとも、不動産の売買契約が成立すれば、その目的不動産の所有権移転登記手続協力義務も発生しますし、また、これが訴訟物である売買代金支払債務と同時履行関係にあることも明らかです（＝双務契約に基づく二つの債務は同時履行関係となります）から、同時履行の抗弁において必要となる事実（＝同時履行関係にある債務の発生原因）は、請求原因で全て現れていることになります。

抗弁は、請求原因を前提とするため、請求原因で現れている事実を、抗弁において再度主張する必要はありません。

(2)　被告は、同時履行の抗弁を「行使」する必要がありますから、「被告は、原告がA土地の所有権移転登記手続をするまでは、代金の支払を拒絶する」などといった意思の表明を、裁判所に対してします。

➡この意思の表明は、「事実」ではありませんから、これに対する原告の認否は不要です。

同時履行の抗弁

抽象的要件	要件事実等の例
原告を債務者、被告を債権者とする債務の発生原因	＊請求原因で現れているため、主張不要
上記債務と本訴訟で訴求されている債務が同時履行関係にあることの原因	＊請求原因で現れているため、主張不要
同時履行の抗弁権の行使	「原告がA土地の所有権移転登記手続をするまでは、代金の支払を拒絶する。」との意思表明

エ 先履行の合意の再抗弁

被告が代金を先に支払うとの合意（代金の支払後に所有権移転登記手続をするとの合意）が、当該売買契約においてされていたのであれば、被告は、同時履行の抗弁を提出することができません。

この合意があれば、同時履行の抗弁による法律効果（売買代金支払請求権の行使の阻止）が発生しませんから、この再抗弁は、障害の再抗弁となります。

先履行の合意の再抗弁

抽象的要件	要件事実の例
被告の債務を原告の債務よりも先に履行するとの合意	当該売買契約において、被告の代金支払債務を原告の所有権移転登記債務よりも先に履行するとの合意がされた

オ 反対給付の履行の再抗弁

同時履行の抗弁に対し、同時履行関係にある債務（＝反対給付）が既に履行されていることが、再抗弁になります。

反対給付が履行されていれば、被告は、同時履行の抗弁を行使して原告による請求権行使を阻止することができませんから、この再抗弁は、同時履行の抗弁による法律効果（請求権の行使の阻止）の発生を障害するものとして、障害の再抗弁となります。

➡なお、「債務の履行」の要件事実については、下記５で説明があります。

反対給付の履行の再抗弁

抽象的要件	要件事実の例
同時履行関係にある債務の本旨に従った給付がされたこと	令和〇年〇月〇日、原告と被告の共同申請により、Ａ土地に被告の所有権移転登記がされた
上記給付が、当該債務の履行としてされたこと	上記所有権移転登記手続への協力は、当該売買契約に基づく原告の債務の履行としてされた

ちなみに、反対給付が履行されたのではなく、その提供がされたにすぎないのであれば、その提供が継続されない限り、同時履行の抗弁は失われません（最一小判昭和34年5月14日民集13巻5号609頁）。

5　弁済の抗弁（紛争類型別９頁、新問研49頁、平成30年予備試験）

ア　概　要

被告が、既に売買代金を支払っているのであれば、その旨を弁済の抗弁として主張することができます。

売買代金支払請求権は、売買契約の成立によって発生した後、弁済によって消滅しますから、この抗弁は、消滅の抗弁となります。

イ　要件事実

弁済は、準法律行為ですから、例えば、被告が原告の口座に300万円を振り込む際に、当該売買代金の支払であることを明らかにした上で振り込む必要はありません。

しかしながら、訴訟においては、被告は、弁済の抗弁を提出する際に、その振込みが、当該売買代金の支払としてされたものであることを明らかにしなければならないとされています。

そこで、弁済の抗弁の要件事実は、単に、「被告は、原告に対し、300万円を交付した」などとするのでは足りず、「被告は、原告に対し、本件代金債務の履行として300万円を交付した」などと摘示しなければならないとされています。

弁済の抗弁

抽象的要件	要件事実の例
債務の本旨に従った給付がされたこと	被告が、原告に対し、令和○年○月○日、300万円を交付した
上記給付が当該債務の履行としてされたこと	上記の交付は、当該売買契約に基づく代金支払債務の履行としてされた

ウ　第三者弁済の場合

⑴　買主以外の第三者が当該代金支払債務の弁済をした場合でも、弁済の抗弁の要件事実は、弁済の主体が変わるだけであり、それ以外に変化はありません。

⑵　なお、第三者弁済は、当事者が第三者弁済を禁止する意思表示をしていたのであれば、無効になります。このことは再抗弁に回ります（最二小判昭和38年11月15日裁判集民事69号215頁参照）。

この再抗弁は、弁済を無効とすることで、弁済の抗弁による法律効果（請求権の消滅）の発生を障害させますから、障害の再抗弁となります。

第三者弁済を禁止する意思表示の再抗弁（第三者弁済の抗弁に対し）

抽象的要件	要件事実の例
第三者弁済を禁止する意思表示をしたこと	原告と被告は、当該売買契約において、第三者による代金支払債務の履行を許さない旨の合意をした

エ　一部請求の場合

売主は、売買代金額が100万円である場合に、そのうちの40万円だけを請求する訴訟を提起することもできます。これを一部請求といいます。

このような訴訟において、被告が、当該売買代金債務の一部弁済をしたとして、30万円の弁済の抗弁を提出したら、どうなるでしょうか。

100万円の売買代金債務のうち、原告が請求している40万円の部分（請求部分）と、請求していない60万円の部分（非請求部分）のどちらに、この30万円が充当されるかという問題です。

判例（最三小判平成6年11月22日民集48巻7号1355頁）は、この30万円は100万円の債権全体に充当され、残代金が70万円となり、原告は、そのうちの40万円を請求していると考えます。つまり、30万円は非請求部分から充当されるのです。請求されている部分の外側の部分に充当されることから、外側説と呼ばれています。

したがって、上記の一部弁済の抗弁は、抗弁として機能しておらず、主張自体失当ということになります。

➡抗弁として機能するのは60万円よりも多額の弁済の場合です。

40万円（請求部分）	60万円（非請求部分）

↑

30万円弁済

6　危険負担に基づく履行拒絶の抗弁（紛争類型別17頁）

売主の債務が履行不能になった場合、買主は、それを理由に、代金支払債務の履行を拒絶することができます（民536条1項）。

請求権の行使を阻止するものであるため、抗弁の性質は阻止の抗弁となります。また、この抗弁は、権利抗弁であるため、自己の履行を拒絶するとの意思の表明が必要です。

危険負担に基づく履行拒絶の抗弁

抽象的要件	要件事実の例
売主の債務の履行不能	Ａ土地が乙に譲渡され、乙がその所有権移転登記を経由した
履行拒絶の意思の表明	被告は、本件売買代金の支払を拒絶する

7　履行不能解除の抗弁（紛争類型別16頁）

ア　概　要

売主の債務の履行不能を理由に買主が売買契約を解除すると、売買契約の成立により発生した代金支払請求権は遡及的に消滅しますから、買主は、このことを消滅の抗弁として主張することができます。

➡遡及消滅し、最初から発生しなかったことになるとして、発生障害の抗弁になるとする見解もあります。下記７以下の解除の抗弁でも同様です。

イ　要件事実

a　概　要

一般に、解除の抗弁では、解除権の発生原因があることと、解除の意思表示をしたことが必要です。

b　履行不能を理由とする解除権の発生原因

売主の債務の全部が履行不能になると、買主には契約の解除権が発生します（民542条1項1号）。

ここでいう履行不能は、売買契約成立後の不能（後発的不能）のみならず、その成立時に既に不能であった場合（原始的不能）も含まれます。

履行不能解除の抗弁

抽象的要件	要件事実の例
売主の債務が履行不能になったこと	Ａ土地が乙に譲渡され、乙がその所有権移転登記を経由した
解除の意思表示	被告は、原告に対し、令和○年○月○日、本件売買契約を解除するとの意思表示をした

➡なお、解除の意思表示をする際には、解除原因を明示する必要がないため（最一小判昭和48年7月19日民集27巻7号845頁）、解除の意思表示の要件事実において、解除原因を明示して解除した旨の摘示は不要です。

ウ 被告の帰責事由の再抗弁

当該履行不能が、被告の責めに帰すべき事由によるものであれば、被告は当該契約を解除することができません（民543条）。

この場合、解除権が発生しませんから、被告のした解除は無効であり、解除の抗弁による法律効果（請求権の消滅）は発生しません。そこで、この主張は、障害の再抗弁となります。

8 履行遅滞解除の抗弁（紛争類型別11・61頁、平成20年司法試験）

ア 概 要

売主の債務の履行遅滞を理由に買主が当該売買契約を解除（民541条）すると、売買契約の成立により発生した代金支払請求権は遡及的に消滅しますから、買主は、このことを消滅の抗弁として主張することができます。

イ 要件事実

a 概 要

解除の抗弁ですから、解除権の発生原因と解除権の行使が必要となります。

b 履行遅滞を理由とする解除権の発生原因

履行遅滞を理由とする解除権は、債務者が履行を遅滞した（下記c）ため、債権者が債務者に履行を催告（下記e）し、それから客観的相当期間が経過した（下記f）時に発生するとされていますが、このほかに、下記dで説明するとおり、「反対給付（＝代金の支払）の履行の提供」も必要とされています。

c 履行の遅滞

履行期限の定めのない債務の場合、遅滞に陥らせるためには、催告が必要です（いわゆる付遅滞）（民412条3項）。

➡なお、この催告と、解除のための催告（下記e）は、一つの催告で兼ねることができるとされています（大判大正6年6月27日民録23巻1153頁）。

他方、履行期限の定めのある債務の場合、当該履行期限が経過すると遅滞に陥ります（民412条1項2項参照）。

➡なお、履行が「されなかったこと」は要件事実にならず、その反対事実である履行がされたことが再抗弁に回ると解されています（下記ウa）。

d 反対給付の履行の提供

売主は、買主が代金債務の履行（又はその提供）をしないのであれば、自己の債務の履行をしなくとも違法ではありません。これを同時履行の抗弁権（民533条）の存在効といいます。

そこで、買主は、売主の履行遅滞が違法であることを根拠付けるために、自己が代金債務の履行の提供をしたことを主張する必要があります。

➡同時履行の抗弁権の行使効の場合（上記4オ）とは異なり、同時履行の抗弁権の存在効は、履行の提供により消滅すると解されています。

以上のことから、買主が代金債務の履行の提供をしたことが、売主の履行遅滞を違法にさせるものとして必要になります。

e　催　告

催告は、「○日以内に支払って下さい」というように、催告期間を定める旨が規定されています（民541条）が、判例により、催告期間を定めなかった場合でも、催告時から客観的に相当な期間がすれば解除権が発生するとされています（最三小判昭和29年12月21日民集8巻12号2211頁）。そこで、催告期間を定めて催告をしたことを主張する必要はなく、催告をしたことと、それから客観的に相当な期間が経過したことを主張すれば足ります。

f　相当期間の経過

相当期間とは一般に7～10日程度をいうとされています。そこで、一般には、催告後7～10日が経過すると解除権が発生することになります。

履行遅滞に基づく解除の抗弁（期限の定めのない債務の場合）

抽象的要件	要件事実の例
反対給付の履行をしたこと	被告は、令和○年○月○日、現金300万円を持参して、原告方に赴き、その受領を求めた
催告をしたこと	被告は、原告に対し、令和○年○月○日、A土地の所有権移転登記手続に協力するよう催告した
相当期間が経過したこと	令和○年○月○日（＝相当期間の末日）が経過した
解除の意思表示	被告は、原告に対し、令和○年○月○日、本件売買契約を解除するとの意思表示をした

➡催告は、遅滞に陥らせるための催告（民412条3項）と解除のための催告（民541条）を兼ねています。

ウ　再抗弁

a　履行の再抗弁

履行を遅滞したと主張されている債務者が、実際には当該債務を履行していたのであれば、履行遅滞に基づく解除権は発生しませんから、これが再抗弁となります。

この場合、当該解除は無効であり、解除の抗弁による法律効果（請求権の消滅）は発生しません。そこで、この主張は、障害の再抗弁となります。

履行の再抗弁

抽象的要件	要件事実の例
債務の本旨に従った給付がされたこと	原告は、被告に対し、令和〇年〇月〇日、A土地の所有権移転登記手続をした
上記給付が当該債務の履行としてされたこと	上記の登記手続への協力は、当該売買契約に基づく原告の債務の履行としてされた

b 履行の提供の再抗弁

当該債務を履行したのではなく、その履行の提供をしたにとどまる場合であっても、これによって、債務不履行によって生ずる一切の責任を免れます（民492条）から、当該解除は無効となります。そこで、これが再抗弁となります。

例えば、原告が、A土地の所有権移転登記をするのに必要な書類を揃えて、約束の司法書士事務所に赴いた（が、被告が来なかったので登記手続ができなかった）場合です。

c 被告の帰責事由の再抗弁

当該履行遅滞が、被告の責めに帰すべき事由によるものであれば、被告は当該契約を解除することができません（民543条）。

この場合、当該解除は無効であり、解除の抗弁による法律効果（請求権の消滅）は発生しません。そこで、この主張は、障害の再抗弁となります。

9 目的物の契約不適合解除の抗弁（紛争類型別14頁、平成18年司法試験（旧法））

ア 概 要

売買の目的物（特定物）に契約不適合があったことを理由として、買主が、当該売買契約を解除すると、売買契約の成立により発生した代金支払請求権は遡及的に消滅しますから、買主は、このことを消滅の抗弁として主張することができます。

イ 要件事実

解除の抗弁ですから、解除権の発生原因と解除権の行使が必要です。

解除権の発生原因は、引渡しを受けた目的物が契約に適合していないことです。契約に適合した目的物にすること（＝追完）が可能なのであれば、履行遅滞解除と同様の構造になります。債権者は、それを債務者に催告し、相当期間が経過すると、解除権が発生するというわけです。

➡他方、追完不能であれば、履行不能解除と同様の構造となります。

契約不適合に基づく解除の抗弁（追完が可能な場合）

抽象的要件	要件事実の例
目的物の引渡し	原告は、被告に対し、令和〇年〇月〇日、本件建物を引き渡した
引き渡された目的物が契約に不適合	本件建物には、被告が引渡しを受けた際、別紙瑕疵目録記載の瑕疵があった
履行の追完の催告	被告は、原告に対し、令和〇年〇月〇日、上記瑕疵を修補するよう請求した
客観的相当期間の経過	令和〇年〇月〇日が経過した
代金債務の履行又はその提供	被告は、令和〇年〇月〇日、現金100万円を持参して原告方に赴き、原告に対し、本件売買代金の受領を求めた
解除の意思表示	被告は、原告に対し、令和〇年〇月〇日、本件契約を解除するとの意思表示をした

ウ　期間制限の再抗弁

売主が種類又は品質に関して契約の内容に適合しない目的物を買主に引き渡した場合において、買主がその不適合を知った時から１年以内にその旨を売主に通知しないときは、買主は、その不適合を理由として、契約の解除をすることができません（ただし、売主が引渡しの時にその不適合を知り又は重過失によって知らなかったときを除きます）（民566条）。

買主がこの通知をしたことは再々抗弁に回るため、本再抗弁では、買主が不適合を知った時から１年が経過したことのみが要件事実となります。

➡また、上記ただし書の悪意又は重過失も再々抗弁となります。

この通知期間の経過により解除権が消滅した後にされた解除では、解除の抗弁による法律効果（請求権の消滅）は発生しません。そこで、この主張は、障害の再抗弁となります。

例えば、買主が契約不適合を知った日が令和５年３月３日であるとすると、その翌日である同月４日から起算して（民140条）、その１年後である令和６年３月３日（民143条２項）の経過により、通知期間が経過します。

期間制限の再抗弁

抽象的要件	要件事実の例
買主が種類又は品質に関する契約不適合を知ったこと	被告は、令和5年3月3日、本件建物に上記瑕疵があることを知った
それから1年が経過したこと	令和6年3月3日が経過した

エ　不履行の軽微性の再抗弁

当該契約不適合が、契約及び取引上の社会通念に照らして軽微であるときは、契約の解除ができません（民541条ただし書）。

この場合、当該解除は無効であり、解除の抗弁による法律効果（請求権の消滅）は発生しません。そこで、この主張は、障害の再抗弁となります。

➡なお、紛争類型別15頁は、「軽微性」が規範的要件であるとしますが、抽象的要件であるからといって直ちに規範的要件になるわけではありません。

10　手付解除の抗弁（紛争類型別17頁）

ア　概　要

買主は、手付を打っていたのであれば、手付を放棄して売買契約を解除することができます（民557条1項）。この解除により、売買契約に基づいて発生した代金支払請求権は遡及的に消滅しますから、買主は、このことを消滅の抗弁として主張することができます。

イ　要件事実

解除の抗弁ですから、解除権の発生原因と解除権の行使が必要です。

手付を打っていた買主がこれを放棄すると解除権が発生します。そこで、解除権の発生原因は、買主が手付を打ったことと、買主がこれを放棄したことになりますが、前者は、売買当事者間で手付に係る合意をしたことのほか、手付契約が要物契約であることから、手付金を交付したことの主張も必要となります。

手付解除の抗弁

抽象的要件	要件事実の例
売買当事者間で手付に係る合意をしたこと	原告と被告は、当該売買契約締結の際、被告が手付として30万円を交付する旨の合意をした
買主が売主に手付金を交付したこと	被告は、原告に対し、令和〇年〇月〇日、手付金として30万円を交付した
買主が手付金返還請求権を放棄したこと	被告は、原告に対し、令和〇年〇月〇日、上記手付金の返還請求権を放棄するとの意思表示をした
解除の意思表示	被告は、原告に対し、令和〇年〇月〇日、本件売買契約を解除するとの意思表示をした

ウ　履行の着手の再抗弁

売主が契約の履行に着手した後は、買主が手付解除をすることができません（民557条1項）。

履行の着手がされた後にされた手付解除は無効ですから、この主張は、手付解除の抗弁による法律効果（請求権の消滅）の発生を障害するものとして、障害の再抗弁となります。

➡例えば、買主は、売主が目的物の引渡債務の履行に着手した後は手付解除はできません。

また、ここでいう「履行に着手」とは、客観的に外部から認識し得るような形で履行行為の一部をし又は履行の提供をするために欠くことのできない前提行為をしたことをいいます（最大判昭和40年11月24日民集19巻8号2019頁）。

履行の着手の再抗弁

抽象的要件	要件事実の例
解除当事者の反対当事者がその履行に着手したこと	原告は、令和〇年〇月〇日、A土地の所有権移転登記手続をするための文書を司法書士に作成させた

エ　その余の再抗弁

➡紛争類型別18頁では、「解除権留保排除の合意の再抗弁」を取り上げていますが、司法試験・予備試験に出題される可能性は低いため、説明を省略します。

第3 売買目的物引渡請求訴訟

1 訴訟の概要

買主が原告となり、売主を被告として、売買の目的物の引渡しを請求する訴訟です。

2 訴訟物及び請求原因（紛争類型20頁、平成27年予備試験）

訴訟物

売買契約に基づく目的物引渡請求権

請求の趣旨の例

被告は、原告に対し、別紙物件目録記載の土地を引き渡せ

売買目的物引渡請求訴訟の訴訟物である売買の目的物の引渡請求権は、売買契約が成立すると、それに基づいて発生するものですから、請求原因では、売買契約の成立を主張します。

請求原因

抽象的要件	要件事実の例
売買契約の成立	原告は、被告から、令和〇年〇月〇日、Aパソコンを 300 万円で買った

➡民法 555 条によると、売買契約の成立要件は、「目的財産権の移転の合意」と「その対価としての代金の支払の合意」です。そこで、要件事実においては、売買の目的財産権と代金の記載が不可欠です。

3 同時履行の抗弁（紛争類型別20頁）

売主による同時履行の抗弁の提出です。買主による同時履行の抗弁（上記第2の4）と異なる点は、意思の表明の内容が変わることだけです。「被告は、原告が売買代金を支払うまでは、Aパソコンの引渡しを拒絶する。」などとなります。

4 履行遅滞解除の抗弁（紛争類型別21頁、平成27年予備試験）

➡代金支払債務の履行遅滞を理由とする契約解除です。代金支払債務の履行遅滞の場合、催告にいろいろなバリエーションがあるため、紛争類型別では、それらを取り上げて

います。もっとも、司法試験・予備試験レベルでは、このような催告の知識まで必要とは思われません。そこで、一例として、「無催告解除特約」のみを取り上げておきます。

履行遅滞解除では、「催告」及びその後の「相当期間の経過」が解除権の発生要件（民541条）ですが、同条は任意規定であり、特約により排除することもできます。そこで、「代金支払債務の履行期限が経過した場合、売主は、催告することなく、契約を解除することができる」との特約（無催告解除特約）が締結されることがありますが、その場合、履行遅滞解除の要件のうちの「催告」及び「相当期間経過」に代えて、「無催告解除特約が成立したこと」を主張することができます。

5　手付解除の抗弁（紛争類型別23頁）

手付金を受領した側である売主は、手付金の倍額を償還して（又はその現実の提供をして）手付解除をすることができます（民557条1項）。

手付解除の抗弁

抽象的要件	要件事実の例
売買当事者間で手付に係る合意をしたこと	原告と被告は、当該売買契約締結の際、原告が手付として30万円を交付する旨の合意をした
買主が売主に手付金を交付したこと	原告は、被告に対し、令和○年○月○日、手付金として30万円を交付した
売主が手付金の倍額の償還又はその現実の提供をしたこと	被告は、原告に対し、令和○年○月○日、手付金の倍額の償還として、60万円を交付した
解除の意思表示	被告は、原告に対し、令和○年○月○日、本件売買契約を解除するとの意思表示をした

コラム　1

本来の要件事実

1　民事訴訟の面白いところは、どんなに決定的な証拠を提出していても、主張漏れがあると敗訴してしまうところです。

例えば、貸金返還請求訴訟で、被告は、当該借入金の返済を証する領収証を提出していても、答弁書等において弁済の抗弁の主張をしていなければ、借入金の返済は認められません。

裁判所は、当事者が主張していない事実を裁判の基礎にすることができないからです（弁論主義の第1テーゼ）。

2 このように、「主張」は「立証」と同じぐらいに重要なものです。そこで、裁判官は、判決書を起案する際、証拠の吟味に先立って、必要な主張がされているかどうかの確認作業をする必要があります。

弁論主義の第1テーゼが適用されるのは、主要事実、すなわち、請求原因、抗弁等の攻撃防御方法の構成要件に該当する具体的事実です。

そこで、裁判官は、判決書を起案する際に、当該事件におけるブロックダイアグラムを自ら作成した上で、当事者が期日において陳述した全ての書面を隅から隅まで読み、必要な具体的事実の主張があるかどうか確認する作業をまずするのです。

例えば、上記の貸金返還請求訴訟の例で、ある準備書面の片隅に「被告は、貸金を返済するため、原告の口座に 100 万円を振り込んだ」との主張があったとします。これは弁済の抗弁の構成要件に該当する具体的事実の主張に当たりますから、裁判官は、判決書の「当事者の主張」欄に「弁済の抗弁」の欄を設け、この主張を記載します。

この作業が「主張の摘示」といわれるものであり、記載された事実は「要件事実」と呼ばれました。

要件事実とは、裁判官が判決書を起案する際に、当事者の主張した具体的事実を摘示したもののことを指す言葉だったのです。

3 司法研修所民事裁判教官室では、昭和 20 年代後半、村松俊夫教官（当時）の提唱により、模擬記録を使って、司法修習生に、判決書の「当事者の主張」欄を起案させる演習を始めました。これが「要件事実教育」と呼ばれるものです。

司法研修所民事裁判教官室は、昭和 36 年 3 月、「民事訴訟における要件事実について⑴（民法総則）」を発表し（司法研修所報 26 号 164 頁）、その後も、要件事実教育を通じて得た成果を、書籍の形で発表し続けてきました。主なものとして、「民事訴訟における要件事実第 1 巻」（昭和 60 年）、同「第2巻」（平成 4 年）、「紛争類型別の要件事実」（初版）（平成 11 年）、「問題研究要件事実」（平成 18 年）、「新問題研究要件事実」（平成 23 年。いわゆる「新問研」）があります。

第2章

貸金、保証、代理

第1 概 要

紛争類型別の第2章は、二つに分かれており、前半では貸金返還請求が、後半では保証債務履行請求が扱われています。そして、後半では代理の要件事実も現れます。

このうち、前半の貸金返還請求では、附帯請求である利息請求及び遅延損害金請求も併せて扱われていますが、本書では主請求（貸金元本請求）のみを取り扱うことにします。

本章では、第1章に引き続き、給付訴訟一般に提出することができる抗弁が現れます。相殺の抗弁と消滅時効の抗弁です。また、後半の保証債務履行請求では、主債務に関する抗弁も問題となります。

第2 貸金返還請求訴訟

1　訴訟の概要

金員の貸主が、その借主を被告として、金員の返還を請求するものです。

2　訴訟物（紛争類型別27頁、新問研37頁、平成23年・30年予備試験、平成28年・平成22年司法試験）

貸金返還請求訴訟の訴訟物は貸金返還請求権ですが、司法研修所民事裁判教官室は、この請求権の発生時期をいつにするかについて、迷走を続けています。

昭和50年代後半までは、貸金の返還時期の到来時に発生すると解していましたが、猛批判を受けました（返還時期の到来前であっても、利息が発生するし、被担保債権にもなり得るからです）。

そこで、消費貸借契約の成立時に発生する（ただし返還時期が到来するまでは請求権を行使することができない）と解釈を変更しました（紛争類型別もこの解釈を紹介しています）。

ところが、平成23年に発売した新問研では、また解釈を元に戻し、返還時期の到来時に発生するとの（かつて猛批判を受けた）見解を採用しています。

訴訟物

消費貸借契約に基づく貸金返還請求権

➡諾成的消費貸借契約の場合、「諾成的消費貸借契約に基づく貸金返還請求権」となります。

請求の趣旨の例

被告は、原告に対し、300万円を支払え。

➡附帯請求もする場合、「被告は、原告に対し、300万円及びこれに対する令和〇年〇月〇日から支払済みまで年３％の割合の金員を支払え。」などとなります。

3　請求原因

ア　消費貸借契約に基づく貸金返還請求（紛争類型別28頁、新問研38頁、平成23年予備試験、平成28年・平成22年司法試験）

貸金返還請求権は消費貸借契約に基づくものですから、「消費貸借契約の成立」が発生要件になることには異論がありません。この契約は要物契約ですから、貸金返還の合意をしたことに加え、金員を交付したことも契約の成立要件となります（民587条）。

➡なお、利息の天引があった場合は、天引き部分は、要物性要件（金員の交付）に代えて天引合意をしたことを主張する必要があります。例えば、120万円の貸付けをする際に1か月分の利息1万円を天引きして119万円の交付をしたときは、要物性要件として、「119万円の交付」と「残りの1万円は天引するとの合意」が必要となります。

また、司法研修所民事裁判教官室の現在の見解では、この請求権は、貸金の返還時期の到来時に発生しますから、返還時期の合意をしたことと、その返還時期が到来したことの主張も必要となります。

一方、貸金の返還時期を定めなかったときは、催告をし、相当期間が経過すると、この請求権が発生します（民591条1項）。

請求原因（返還時期の合意がある場合）

抽象的要件	要件事実の例
貸金返還の合意	被告は、原告に対し、令和〇年〇月〇日、100万円の返還を合意した
金員の交付	原告は、被告に対し、令和〇年〇月〇日、100万円を交付した
返還時期の合意	原告と被告は、上記貸金返還の合意の際、その返還時期を令和〇年〇月〇日とすることを合意した
返還時期の到来	令和〇年〇月〇日が到来した

➡なお、紛争類型別28頁では、期限の利益の喪失約款がある場合についても検討していますが、司法試験・予備試験の出題可能性が低いため、説明を省略します。

請求原因（返還時期の合意がない場合）

抽象的要件	要件事実の例
貸金返還の合意	被告は、原告に対し、令和〇年〇月〇日、100万円の返還を合意した
金員の交付	原告は、被告に対し、令和〇年〇月〇日、100万円を交付した
催告	原告は、被告に対し、令和〇年〇月〇日、上記貸金の返還を催告した
相当期間の経過	令和〇年〇月〇日（＝相当期間の末日）が経過した

イ　諾成的消費貸借契約に基づく貸金返還請求（紛争類型別 42 頁）

諾成的消費貸借契約の場合、契約の成立要件として、要物性が不要となる一方で、契約が書面（又は電磁的記録）でされたことが必要となります（民587 条の 2）。

請求原因（返還時期の合意がある場合）

抽象的要件	要件事実の例
金員の交付及び返還約束の合意	原告と被告は、令和〇年〇月〇日、原告が被告に 100 万円を交付し、被告がこれを原告に返還することを合意した
上記合意が書面によって合意されたこと	上記合意は書面による
上記合意に基づく金員の交付	原告は、被告に対し、令和〇年〇月〇日、上記合意に基づき、100 万円を交付した
返還時期の合意	原告と被告は、上記合意の際、貸金の返還時期を令和〇年〇月〇日とすることを合意した
返還時期の到来	令和〇年〇月〇日は到来した

4　相殺の抗弁（紛争類型別34頁、平成24年予備試験（ただし解除権の消滅））

ア　概　要

自働債権との相殺によって貸金返還請求権が消滅したとの主張です。この抗弁は、請求権を消滅させるものですから、消滅の抗弁となります。

イ　要件事実

相殺の抗弁では、自働債権の発生原因と、相殺の意思表示をしたことが必要です。

➡相殺の要件のうち、自働債権が弁済期にあること（民 505 条 1 項）は、その反対事実が発生障害事由として再抗弁に回ります（下記ウ）。

また、自働債権が双務契約に基づく債権である場合、双務契約の反対給付の履行（又はその提供）をして反対当事者の同時履行の抗弁権の存在効を覆滅させた後でなければ相殺をすることができないというのが判例（大判昭和13 年 3 月 1 日民集 17 巻 318 頁）ですから、当該双務契約の反対給付の履行（又はその提供）をしたことの主張も必要になります。

例えば、自働債権が売買代金支払請求権であるとすると、反対給付（例えば、売買目的物が動産であれば、その引渡債務）の履行（又はその提供）をした後でなければ、これを自働債権とする相殺はできません。

➡こういうルールにしておかないと、買主の同時履行の抗弁権が売主の相殺によって一方的に奪われてしまうからです。

相殺の抗弁

抽象的要件	要件事実の例
自働債権の発生原因	被告は、原告に対し、令和〇年〇月〇日、Aパソコンを300万円で売った
反対給付の履行又はその提供（自働債権が双務契約に基づくものである場合）	被告は、原告に対し、令和〇年〇月〇日、Aパソコンを引き渡した
相殺の意思表示	被告は、原告に対し、令和〇年〇月〇日、上記売買代金支払請求権と当該貸金返還請求権を対当額で相殺するとの意思表示をした

ウ　弁済期の再抗弁

相殺は、双方の債務が弁済期にあることが要件になっています（民505条1項）から、相殺時に自働債権が弁済期になかったのであれば、当該相殺は無効であり、相殺の抗弁による法律効果（請求権の消滅）は発生しません。そこで、自働債権が弁済期になかったことが、障害の再抗弁になります。

もっとも、この再抗弁では、自働債権に弁済期の定めがあったことのみが要件事実となり、当該弁済期が経過したことが再々抗弁に回るとされています。

弁済期の定めの再抗弁

抽象的要件	要件事実の例
自働債権に弁済期の定めがあること	原告と被告は、当該売買契約を締結する際、原告の代金債務の弁済期を令和〇年〇月〇日とすることに合意した

弁済期の経過の再々抗弁

抽象的要件	要件事実の例
弁済期が経過したこと	令和〇年〇月〇日が経過した

エ　その余の再抗弁

➡紛争類型別35頁では、その余の再抗弁として、「債務の性質が相殺を許さないこと」、「相殺の意思表示に条件・期限が付されていること（民506条1項ただし書）」を取り上げていますが、司法試験・予備試験での出題可能性は低いため、説明を省略します。

5 消滅時効の抗弁（紛争類型別36頁、新問研24頁、平成23年・30年予備試験）

ア 概 要

請求権が時効消滅したとするもので、消滅の抗弁の代表例です。

イ 要件事実

消滅時効は、①権利の行使ができる状態になった時から、②一定の期間（時効期間）が経過することで完成し、③それを援用することで、請求権の時効消滅という法律効果が発生します。そこで、この①～③の主張が必要になります。

消滅時効の抗弁

抽象的要件	要件事実の例
権利の行使ができる状態になったこと	（請求原因で明らかである場合が多い）
その時から一定の期間（時効期間）が経過したこと	令和〇年〇月〇日が経過した
時効援用の意思表示	被告は、原告に対し、令和〇年〇月〇日の本件口頭弁論期日において、上記時効を援用するとの意思表示をした

➡なお、時効の援用の意思表示が口頭弁論期日（又は弁論準備手続期日）でされた場合、この意思表示がされたことは、裁判所に顕著な事実（民訴179条）ですから、証拠によって立証する必要がありません。

a 権利の行使ができる状態になったこと

この要件の具備は、請求原因で既に明らかになっています（それだからこそ、原告は、権利を行使をしているわけです）。

➡例えば、返還時期の定めのある貸金返還請求権は、その返還時期が到来すれば行使することができます。返還時期が到来する前であっても、いわゆる期限の利益喪失の合意（借主の破産などの一定の事由が生じた場合に借主の期限の利益が喪失するとの合意）があれば、その一定の事由が生じた時に返還時期が到来したことになりますから、その時が時効の起算点になります。期限の利益喪失の合意の中には、一定の事由が生じただけでなく、貸主による「期限の利益を喪失させる意思表示」により初めて期限の利益が喪失するものもありますが、その場合、その意思表示がされた時が時効の起算点となります（最二小判昭和42年6月23日民集21巻6号1492頁）。

b 時効期間の経過（時効の完成）

時効期間は、客観的起算点（＝権利の行使ができる状態になった時）から10年、又は、主観的起算点（権利の行使ができる状態になったことを債権者が知った時）から5年です（民166条1項）。

➡なお、債権者と債務者が、弁済期の合意として確定期限の定めをした場合、客観的起算点と主観的起算点は一致するのが通常ですから、「債権者が知ったこと」について主張立証する必要はないと考えられます。

例えば、貸金返還債務の弁済期が令和2年3月3日であるとすると、その翌日である同月4日から起算して（民140条）、その5年後である令和7年3月3日（民143条2項）の経過により、同債務の消滅時効が完成します。

➡消滅時効の期間計算は初日を算入しない（民140条）というのが判例（最三小判昭和57年10月19日民集36巻10号2163頁）です。

c　時効の援用

司法研修所民事裁判教官室は、時効学説について、判例（最二小判昭和61年3月17日民集40巻2号420頁）が、いわゆる不確定効果説（時効の完成だけでは時効の効果は確定的に発生しないとする説）のうちの停止条件説（時効が援用されたことを停止条件として時効の効果が発生するとする説）を採用していると理解しています。

➡このような判例の理解には学説からの異論もあり、また、予備試験では、不確定効果説のみならず、確定効果説にたった場合の要件事実が尋ねられたこともあります。

この説では、請求権の時効消滅という法律効果は、時効の援用の意思表示がされて初めて発生しますから、時効の援用の意思表示をしたことの主張が必要になります。

ウ　再抗弁その1――時効の完成猶予・更新

時効の完成猶予・更新があったため、いまだ消滅時効が完成していないという主張であり、消滅時効の抗弁による法律効果（請求権の消滅）の発生を障害するものとして、障害の再抗弁となります。

例えば、債務者が債務の承認をしたことは、その債務の消滅時効の更新事由となります（民152条1項）。

➡債務の承認後、再び消滅時効は進行し、それから所定の時効期間が経過すれば、再度、消滅時効が完成します。

時効更新（承認）の再抗弁

抽象的要件	要件事実の例
債務者が、消滅時効の完成前に、債権者に対し、債務を承認したこと	被告は、原告に対し、令和〇年〇月〇日（＝時効完成前の日）、本件貸金返還債務の支払の猶予を懇願した

エ　再抗弁その2――時効の援用権の喪失

債務者が、消滅時効の完成後に、債権者に対し債務の承認をした場合、たとえ、債務者が、その時に、時効の完成を知らなかったとしても、債務者は、それ以降、その時効を援用することが許されないというのが判例（最大判昭和41年4月20日民集20巻4号702頁）です。

➡債務者による債務の承認を信頼した債権者を保護するためです。

そこで、被告が、貸金返還債務の消滅時効が完成した後その援用をするよりも前に当該貸金返還債務を承認していたのであれば、その援用は無効ですから、請求権の時効消滅という法律効果は発生しません。

そこで、このことは、消滅時効の抗弁による法律効果（請求権の消滅）の発生を障害するものとして、障害の再抗弁となります。

➡債務の承認後、再び消滅時効は進行し、それから所定の時効期間が経過すれば、再度、消滅時効が完成します（最一小判昭和45年5月21日民集24巻5号393頁）。

➡なお、債務者が、時効の完成を知った上で債務の承認をした場合、時効の利益の放棄となり、これも、消滅時効の抗弁に対する再抗弁になります。

時効援用権喪失の再抗弁

抽象的要件	要件事実の例
債務者が、消滅時効の完成後に、債権者に対し、債務を承認したこと	被告は、原告に対し、令和〇年〇月〇日（＝時効完成後の日）、本件貸金返還債務の支払の猶予を懇願した

第3 保証債務履行請求訴訟

1 訴訟の概要

債権者が、保証人に対し、保証債務の履行を請求するものです。

2 訴訟物（紛争類型別44頁、平成25年・平成18年司法試験、平成31年・令和5年予備試験）

ア 概 要

訴訟物

保証契約に基づく保証債務履行請求権

請求の趣旨の例

被告は、原告に対し、300万円を支払え。

保証債務履行請求訴訟の訴訟物は、保証債務履行請求権です。保証契約が成立すると、それに基づいて発生するものです。

イ 保証債務の個数

貸金債務の保証では、その元本債務のみならず、利息債務や遅延損害金債務も併せて保証するのが通常です。この場合、主債務は複数ありますが、保証債務の個数は1個です。保証は、特約がない限り、その対象として、元本債務のみならず、その利息や遅延損害金債務も包含する（民447条1項）ものだからです。

➡したがって、主債務が元本債務、利息債務及び遅延損害金債務と三つあっても、本訴訟の訴訟物の個数は1個になります。

ウ 連帯保証と単純保証の関係

連帯保証は、単純保証に連帯の特約が付されたものにすぎず、契約の類型はどちらも同じです。保証契約とは別に連帯保証契約という契約類型があるわけではありません。そこで、連帯保証の場合でも、訴訟物は、「連帯保証契約に基づく保証債務履行請求権」ではなく、「保証契約に基づく保証債務履行請求権」となります。

3 請求原因（紛争類型別44頁、平成25年・平成18年司法試験・令和5年予備試験）

保証債務は、いわゆる「付従性」により、主たる債務の存在を必要としますから、主債務の発生原因が要件事実となります。

また、保証債務履行請求権は保証契約の成立によって発生しますが、同契約は書面（又は電磁的記録）でされなければなりませんから、保証の合意をしたことと、それが書面によってなされたことが要件事実となります。

請求原因

抽象的要件	要件事実の例
主債務の発生原因	原告は、甲に対し、令和〇年〇月〇日、A土地を300万円で売った
保証の合意	被告は、原告に対し、令和〇年〇月〇日、上記代金支払債務を保証した
書面性	上記保証は、保証契約書を作成してされた

4　請求原因（代理人による保証契約締結の場合）（紛争類型別47頁）

ア　概　要

紛争類型別では、保証人本人ではなくその代理人が保証契約を締結した場合についても取り扱っています。

この場合、保証人本人に対して保証債務履行請求をするためには、その代理人との間で締結された契約の効力が保証人本人に及ぶための要件の主張も必要となります。

イ　代理の要件事実（平成28年・平成22年司法試験）

保証契約の成立の主張においては、契約締結の主体が、保証人本人ではなく、代理人となります。

また、代理人がした意思表示の効果が本人に及ぶためには、いわゆる顕名（民99条）が必要となります。意思表示の際に、本人のためにすることを示す必要があるということです。

さらに、保証契約の締結に先立って、その代理権が授与されたことも必要となります（これに代えて、本人による事後的な追認（民113条1項）でも足ります）。

➡この「先だつ」のように、事実相互の時間的先後関係が要件事実の要素となっている場合を、「時的要素」といいます（もっとも、こういう「要件事実用語」を司法試験・予備試験受験段階で知っておく必要はありません）。

請求原因（代理人を乙とします）

抽象的要件	要件事実の例
主債務の発生原因	原告は、甲に対し、令和〇年〇月〇日、A土地を300万円で売った
保証契約の成立	乙は、原告に対し、令和〇年〇月〇日、上記代金支払債務を保証した
顕名	乙は、上記保証の際、被告のためにすることを示した
先立つ代理権の授与	被告は、上記保証に先立って、乙に対し、その代理権を授与した
書面性	上記保証は、保証契約書を作成してされた

5 主債務に関する抗弁（紛争類型別48頁）

ア 概 要

保証債務の附従性により、主債務が消滅すれば保証債務も消滅しますし、また、主債務の発生が障害されれば保証債務の発生も障害されます。そこで、保証人は、主債務の消滅・発生障害事由を抗弁とすることができます。

例えば、主債務の消滅時効が完成していれば、保証人は、その援用権を有しています（民145条）から、これを援用して、抗弁とすることができます。

イ 主債務者の相殺の援用

主債務者が、債権者に対する反対債権を有しており、それを自働債権として相殺をすることができる場合、保証人も、そのことを主張することができます。もっとも、保証人が主債務者に代わって相殺をすることはできません。保証人ができるのは、主債務者が相殺をしたとしたら消滅する限度で保証債務の履行を拒絶することだけです（民457条3項）。

履行拒絶の意思の表明が必要となることから、この抗弁は権利抗弁になると解されています。

➡意思の表明は、裁判所に対してします。

主債務者の相殺の援用の抗弁

抽象的要件	要件事実等の例
主債務者の有する自働債権の発生原因	甲は、原告に対し、令和〇年〇月〇日、300 万円を貸し付けた
履行拒絶の意思の表明	「甲の上記貸金債権との相殺によって主債務が消滅する限度で保証債務の履行を拒絶する」との意思の表明

ウ　主債務者の契約取消権、解除権の援用（令和５年予備試験）

主債務者が、主債務の発生原因である契約の取消権や解除権を行使することができる場合、保証人も、そのことを主張することができます。もっとも、保証人が主債務者に代わって当該契約を取り消したり解除することはできません。保証人ができるのは、主債務の運命が不確定であることを理由に保証債務の履行を拒絶することだけです（民 457 条３項）。

履行拒絶の意思の表明が必要となることから、この抗弁は権利抗弁になると解されています。

➡意思の表明は、裁判所に対してします。

主債務者の取消権・解除権の援用の抗弁

抽象的要件	要件事実の例
主債務者の有する取消権又は解除権の発生原因	甲は、原告の強迫により当該売買契約を締結した
履行拒絶の意思の表明	「甲が上記契約の取消権を有しているので、保証債務の履行を拒絶する」との意思の表明

6　事業に係る債務についての保証に関する抗弁（紛争類型別49頁）

ア　概　要

事業のために負担した貸金等債務を主債務とする保証契約は、その契約の締結に先立ち、その締結の日前１か月以内に作成された公正証書で保証人になろうとする者が保証債務を履行する意思を表示していなければ、その効力を生じません（民 465 条の６第１項）。

➡貸金等債務とは、金銭の貸渡し又は手形の割引を受けることによって負担する債務のことをいいます（民 465 条の３第１項参照）。

➡この公正証書を「保証意思宣明公正証書」といいます。

そこで、主債務が「主債務者が事業のために負担した貸金等債務であること」が抗弁となり、保証意思宣明公正証書を作成したことが再抗弁となります。

イ　保証意思宣明公正証書作成の再抗弁

当該保証契約の締結に先立ち、その締結の日1か月以内に作成された公正証書によって、保証債務履行の意思を表示したことが必要であり、かつ、その公正証書が所定の様式（民465条の6第2項又は民465条の7）を満たしている必要があります。

➡他に、当該保証が経営者保証であること（民465条の9）や、被告が法人であること（民465条の6第3項）も再抗弁となります。

コラム　2

主張の摘示

1　裁判官は、判決書を作成する際、当事者の陳述した書面の中に、攻撃防御方法の構成要件に該当しそうな具体的な事実の記載があれば、それをそのまま判決書の「当事者の主張」欄に記載するわけではありません。

例えば、ある準備書面の片隅に、弁済の提供の抗弁として、「被告が原告に対し小切手を手渡した」との主張があったとします。

個人振出しの小切手は、確実に小切手金が支払われるとは限りませんから、これを交付しただけでは弁済の提供とはいえないというのが判例です。

したがって、この事実を弁済の提供の抗弁の「要件事実」として判決書の「当事者の主張」欄に「摘示」することはできません。

このように、「要件事実」とは、当事者の主張した事実が当該構成要件に該当するか否かという「あてはめの評価」を経て摘示されるものです。その段階で、すでに一つ、裁判所の判断がされているわけです。

2　また、上記の弁済の提供の抗弁の例で、ある準備書面の片隅に、「被告が原告に対し小切手を手渡した」との記載があったほか、別の準備書面の片隅に「当該小切手は○○銀行が支払保証していた」との主張があったとします。

銀行が支払保証をしている小切手であれば、小切手金の取得は確実ですから、そういう小切手の交付であれば弁済の提供に当たるというのが判例です。

そこで、この場合は、「被告は、原告に対し、○○銀行が支払保証した小切手を手渡した」との主張を、判決書の「当事者の主張」欄の「弁済の提供の抗弁」欄に、「要件事実」として「摘示」することができます。
　主張の摘示は、遠く離れた複数の主張を組み合わせてされることもあるのです。
　3　このように、主張の摘示とは、当事者の主張した事実を陳述書面中から探し出してそれをコピペすればいいという単純な事務処理作業では全くありません。
　陳述された全ての書面から、どのような主張がされているのかという「主張の認定」をするという、それ自体大変な作業をする上に、法律要件へのあてはめという法的判断をも伴うものであり、高度な知的能力を要するものということができます。
　かつて司法研修所で行われていた要件事実教育は、模擬記録を用いて、判決書の「当事者の主張」欄の起案の演習をさせるものでしたが、かつての司法修習生は、この演習を通じて、めきめきと実務能力を高めていったのです。

第3章

不動産明渡し（所有権）

第１ 概　要

紛争類型別の第３章は、二つに分かれており、前半では所有権に基づく土地明渡請求が、後半では所有権に基づく建物収去土地明渡請求が扱われています。

前半では、附帯請求である賃料相当損害金請求も併せて扱われていますが、本書では取り扱わないことにします。

第2 所有権に基づく土地明渡請求訴訟

1　訴訟の概要

土地が不法占有されている場合に、土地の所有者が原告となり、不法占有者を被告として、その土地の明渡しを請求する訴訟です。

2　訴訟物（紛争類型別53頁、新問研54頁、平成28年予備試験、平成25年予備試験（ただし建物）、平成29年司法試験、平成20年司法試験（ただし建物））

ア　概　要

所有権とは、その物を排他的に支配する権利ですから、その物の占有が侵害されれば、所有者は、所有権に基づいてその物の占有を回復することができます。具体的には、侵害者を相手方として、その物の返還請求をします。

この「返還請求権」は、いわゆる物権的請求権の一つであり、物の占有が侵害されると発生するものです。

➡他方、占有侵害以外の態様で物の排他的支配が妨害されると「妨害排除請求権」が発生します。また、妨害のおそれがあると「妨害予防請求権」が発生します。

イ　請求権の発生時期

物の占有が侵害されると、所有者の侵害者に対する返還請求権は、侵害状態が継続している限り、不断に（＝毎日毎日絶え間なく）発生すると解するのが通説です。

ところで、訴訟物の基準時は、事実審の口頭弁論の終結日であり（第１審であれば、第１審の口頭弁論の終結日であり、控訴審であれば、控訴審の口頭弁論の終結日）、その日を「現在」とします。

そこで、現在、すなわち、口頭弁論終結日に発生した返還請求権が訴訟物になると考えられています（現占有説）。

➡これに対し、過去のある時点（例えば不法占有が始まった時点）で発生した返還請求権が、現在まで存続しており、それが訴訟物になるとする見解（もと占有説）もあります。

訴訟物

所有権に基づく返還請求権としての土地明渡請求権（ただし口頭弁論終結日に発生したもの）

請求の趣旨の例

被告は、原告に対し、別紙物件目録記載の土地を明け渡せ。

➡附帯請求の請求の趣旨は、「被告は、原告に対し、令和〇年〇月〇日から上記明渡済みまで1か月〇万円の割合による金員を支払え。」などとなります。当該土地の賃料相当損害金の支払を請求するものです。

3　請求原因（紛争類型別54頁、新問研57頁、平成28年予備試験、平成25年予備試験（ただし建物)、平成29年司法試験、平成20年司法試験(ただし建物))

ア　概　要

原告の被告に対する物の返還請求権は、原告の所有物の占有を被告が侵害していることで発生しますから、その発生原因は、原告がその物を所有していることと、被告がその物を占有していることです。

そして、訴訟物である返還請求権の発生時期は「現在」ですから、その発生原因は、「原告が、現在、その物を所有していること」と「被告が、現在、その物を占有していること」になります。

なお、被告が当該物を「不法に」占有していることは返還請求権の発生原因とはならず、逆に、「適法に」占有していることが返還請求権の発生障害事由に回ると解されています（最三小判昭和35年3月1日民集14巻3号327頁)。

イ　原告の所有

所有権は、他の権利と異なり、権利自白が成立しますが、そのことにより、所有権訴訟では、要件事実が独特の様相を呈します。原告による「所有」の主張を被告がどのように争うかによって、請求原因や抗弁の内容が変わるのです。そこで、被告がこれを争う態様ごとに請求原因や抗弁の内容を考察してみましょう。

a　所有を被告が争わない場合（紛争類型別55頁）

被告が所有を争わない場合、原告は、例えば、「原告がA土地の所有権を有している」などと主張すれば足り、これに対し、被告が「認める」との認否をすれば、権利自白が成立し、現在の所有が確定します。

なお、「A土地の所有権を有している」と「A土地を所有している」は同義であり、どちらの表現でも構いません。

被告が所有を争わない場合、請求原因の要件事実は次のようになります。

請求原因

抽象的要件	要件事実の例
原告　物の現在の所有	原告は、A土地を所有している
被告　物の現在の占有	被告は、A土地を占有している

➡なお、「占有」について当事者間に争いがある場合、単に「占有している」と主張するのでは足りず、自己占有であれば民法 180 条所定の「所持」の具体的事実を、他主占有であれば同法 181 条所定の事実を具体的に主張しなければなりません。

b　過去の所有を被告が争わない場合（紛争類型別 55 頁）

被告が、現在の所有は争うが、過去の所有は争わない場合、原告は、例えば、「原告は、令和○年○月○日にＡ土地の所有権を有していた」などと、被告の認める時点での所有を主張すれば足り、これに対し、被告が「認める」との認否をすれば、権利自白が成立し、その時点における所有が確定します。

➡なお、過去の所有のことを「もと所有」と呼ぶことがあります。

そうすると、その時点より後の時点における所有権の喪失が認定されない限り、現在の所有も確定します。

被告が、現在の所有は争うが、過去の所有は争わない場合、請求原因の要件事実は次のようになります。

請求原因

抽象的要件	要件事実の例
原告　物の過去の所有	原告は、令和○年○月○日、Ａ土地を所有していた
被告　物の現在の占有	被告は、Ａ土地を占有している

➡なお、過去の所有を主張する際に、当該過去の日付が明らかでないときは、「原告は、Ａ土地をもと所有していた」などと主張すればよいとされています。

c　前主の所有を被告が争わない場合（紛争類型別 56 頁）

被告が、当該者の所有は争うが、その前主の所有は争わないことがあります。

この場合、原告は、例えば、「甲（＝原告の前主）が令和○年○月○日にＡ土地の所有権を有していた」などと主張すれば足り、これに対し、被告が「認める」との認否をすれば、権利自白が成立し、その時点での甲の所有が確定します。

そこで、原告は、これに加え、原告が甲からＡ土地を譲り受けたことを主張立証すれば、譲受時における原告の所有が確定し、その時点より後に原告が所有権を喪失したことが認定されない限り、原告の現在の所有も確定します。

前主の所有を被告が争わない場合、請求原因の要件事実は次のようになります。

請求原因

抽象的要件	要件事実の例
原告の前主　物の過去の所有	甲は、令和〇年〇月〇日、A土地を所有していた
前主から原告への物の所有権の移転原因	原告は、甲から、令和〇年〇月〇日、A土地を300万円で買った
被告　物の現在の占有	被告は、A土地を占有している

被告が、原告及びその前主の所有は争うが、前々主の所有を争わないのであれば、権利自白により前々主の過去の所有を確定させ、その者から原告に至るまでの所有権移転原因（前々主→前主、前主→原告）を主張立証します。被告が前々々主、前々々々主…の所有を争わない場合についても同様です。

➡なお、土地の所有の場合、被告が、過去の誰の所有も認めないということは、訴訟の信義則上許されないとされています。他方、建物の所有の場合、被告が過去の誰の所有も認めなければ、原告は、その建物が建築されたところまで遡って主張立証するしかありませんが、それが、はるか大昔であれば、やはり、被告のそのような認否は、訴訟の信義則上許されないと考えられます。

4 抗　弁

ア　占有権原の抗弁（紛争類型別65頁、平成25年予備試験、平成29年・平成21年・平成20年司法試験）

被告の占有が権原に基づく適法なものであれば返還請求権は発生しませんから、被告が占有権原を有することが障害の抗弁となります。

➡請求原因のところで説明したとおり、「不法」占有であることが請求原因になるのではなく、「適法な」占有であることが抗弁になります。

例えば、被告が、原告との間の賃貸借契約に基づいて、賃借人として当該物を占有しているのであれば、適法な占有になります。もっとも、たとえ賃借人といえども、賃貸人から当該物の引渡しを受けることなく勝手に占有を始めたのであれば、それは適法な占有とはいえませんから、賃貸人から当該物の引渡しを受けたことの主張も必要です。

占有権原（賃借権）の抗弁

抽象的要件	要件事実の例
賃借権の発生原因である賃貸借契約の成立	原告は、被告に対し、令和○年○月○日、A土地を賃料月額40万円で賃貸した
賃貸人から当該賃貸借契約に基づいて当該物の引渡しを受けたこと	原告は、被告に対し、令和○年○月○日、上記賃貸借契約に基づいて、A土地を引き渡した

イ　被告が過去の所有を認める場合の抗弁――所有権喪失の抗弁（紛争類型別60頁、新問研65頁、平成29年予備試験、平成20年司法試験）

a　概　要

所有権喪失の抗弁とは、過去における所有権の存在を認めた（上記3イb）上で、その後、その所有権は喪失したから、現在のその所有権の存在は認められないと主張するものです。

原告が、現在までに、当該物の所有権を喪失したのであれば、現在を基準時とする返還請求権は発生しませんから、この抗弁は、障害の抗弁となります。

所有権の喪失原因には、原告が原告以外の者に当該物を承継取得させた場合（当該物を第三者に売ったなど）と、原告以外の者が当該物を即時取得した場合（第6章第2の4アC参照）があります。

所有権喪失の抗弁

抽象的要件	要件事実の例
原告の所有権の喪失原因	原告は、甲に対し、令和○年○月○日、A土地を代金300万円で売った

➡売主が所有する特定物の売買では、売買契約の成立によって直ちに目的物の所有権が売主から買主に移転するのが原則です（最二小判昭和33年6月20日民集12巻10号1585頁）。

b　所有権留保特約の再抗弁（所有権喪失原因が売買である場合）

売買契約を締結する際、代金が完済されるまで目的物の所有権を売主に留保する（代金完済時に買主が目的物の所有権を取得する）との合意がされることがあります。これを所有権留保特約といいます。

➡所有権留保特約を、担保権の一種のように考える見解もありますが、そうではなく、所有権移転に係る停止条件の一種と解されます（最一小判昭和49年7月18日民集28巻5号743頁参照）。

原告の所有権の喪失原因とされた売買契約に所有権留保特約があり、いまだ代金が完済されていないのであれば、所有権は原告に留保されたままですから、所有権喪失の抗弁による法律効果（返還請求権の発生障害）の発生は障害されます。そこで、これは、障害の再抗弁となります。

もっとも、「代金が完済されていない」という消極的事実の立証は悪魔の証明となりますから、公平の見地から「代金が完済されたこと」が再々抗弁に回るとされています。

所有権留保特約の再抗弁

抽象的要件	要件事実の例
所有権留保特約の成立	原告と甲は、当該売買契約において、甲が代金を完済するまではA土地の所有権を原告に留保する旨の合意をした

代金完済の再々抗弁

抽象的要件	要件事実の例
買主による代金の完済	甲は、原告に対し、令和〇年〇月〇日、当該売買代金債務の履行として300万円を交付した

c　虚偽表示無効の再抗弁

原告の所有権の喪失原因とされた譲渡契約（売買契約等）が、虚偽表示により無効（民94条1項）であるとの主張です。

➡当該譲渡契約が無効となれば、所有権喪失の抗弁による法律効果（返還請求権の発生障害）の発生は障害されますから、これは、障害の再抗弁となります。

虚偽表示無効の再抗弁

抽象的要件	要件事実の例
当該意思表示が虚偽表示であったこと	原告と甲は、令和〇年〇月〇日、当該売買の合意を仮装することを合意した

それでは、この仮装譲渡の後に善意の第三者（民94条2項）が出現したらどうなるでしょうか（紛争類型別88頁）。

⒜順次取得説

善意の第三者の出現により当該譲渡契約は有効であったものと扱われ、善意の第三者はこれを前提に権利を承継取得するとする見解（順次取得説）があります。

➡所有権は、譲渡人→譲受人→第三者と順次移転します。

この見解によると、善意の第三者の出現により、当該譲渡契約は無効ではなくなりますから、虚偽表示の再抗弁の法律効果（抗弁による法律効果の発生障害）が障害されたことになります。そこで、善意の第三者の出現が再々抗弁となります。

(b)法定承継取得説

善意の第三者の出現によっても、当該譲渡契約が有効になるのではなく、譲渡人から善意の第三者へと直接の権利移転がされるとする見解（法定承継取得説）もあります（最三小判昭和42年10月31日民集21巻8号2232頁）。

➡所有権は、譲渡人→第三者と移転します。

この見解によると、善意の第三者が出現しても当該譲渡契約は無効のままですから、善意の第三者の出現の主張は、再々抗弁にはなりません。しかし、原告から善意の第三者へと直接に所有権が移転する（＝これにより原告は所有権を喪失する）というのですから、従前の所有権喪失の抗弁とは別に、新たな所有権喪失の抗弁が成立することになります。

d　履行遅滞解除の再抗弁（平成20年司法試験）

原告の所有権の喪失原因とされた譲渡契約（売買契約等）が、履行遅滞解除されたとの主張です。

➡当該譲渡契約が、現在までに、履行遅滞解除されていれば、所有権喪失の抗弁による法律効果（現在の返還請求権の発生の障害）の発生は障害されますから、これは、障害の再抗弁となります。

第1章の第2の8と同内容なので説明を省略します。

➡もっとも、同時履行の抗弁権の存在効を覆滅させるための、反対給付の履行の提供は、目的不動産の所有権移転登記手続の提供となります。

ウ　被告が前主の所有を認める場合の抗弁（二重譲渡事例）（紛争類型別56・128頁、新問研80頁、平成29年・平成28年予備試験、平成27年司法試験）

a　概　要

被告が、原告の前主が当該物を所有していたことを認めた（上記3イｃ）上で、その前主から当該物を譲り受けたのは自分であると主張する場合について考えてみましょう。

原告と対抗関係にある被告は、二つの抗弁を提出することができます。一つは、原告の所有権取得を争う抗弁である「対抗要件の抗弁」であり、もう一つは、被告の所有権取得を積極的に主張する「対抗要件具備による所有権喪失の抗弁」です。

➡被告は、これら両方の抗弁を提出することができますが、当該物が不動産であり、被告が対抗要件（登記）を具備していることを明確に主張し、原告もこれを争っていない場合、被告は後者の抗弁のみを提出しているとみるべき場合が多いというのが紛争類型別64頁の見解です（なお、同書130頁は当該物が動産の場合は別としています）。

b　対抗要件の抗弁（紛争類型別63頁、新問研73頁）

被告は民法177条の「第三者」に当たりますから、原告は、対抗要件を具備しない限り、所有権の取得を被告に対抗することができません。

そこで、被告は、その旨を「権利抗弁」として裁判所に対し意思の表明をすることができるというのが、司法研修所民事裁判教官室の見解です（いわゆる権利抗弁説）。

➡もっとも、これは、司法研修所民事裁判教官室の独自の見解ともいうべきものであって、民法177条は権利抗弁を定めたものではないというのが一般的な理解です。新問研74頁でも、このような見解もあると記載するにとどめ、司法研修所民事裁判教官室がこの見解を採用していると明言することを避けました。そして、そのためか、本抗弁は、これまで一度も司法試験・予備試験に出題されていません。

この見解によると、被告は、自己が民法177条の「第三者」に当たること（具体的には、被告が前主から当該物を譲り受けたこと）を主張した上で、「被告は、原告が対抗要件を具備するまでは、原告によるＡ土地の所有権の取得を認めない」との意思表明を裁判所に対してすることになります。

対抗要件の抗弁

抽象的要件	要件事実の例
被告が「第三者」（民177条）に当たることの原因	甲は、被告に対し、令和〇年〇月〇日、Ａ土地を代金300万円で売った
対抗要件の抗弁を行使する旨の意思の表明	被告は、原告が対抗要件を具備するまでは、原告によるＡ土地の所有権の取得を認めない

この対抗要件の抗弁に対し、原告は、対抗要件を具備したことを再抗弁とすることができます。

対抗要件具備の再抗弁

抽象的要件	要件事実の例
原告が対抗要件を具備したこと	甲は、令和〇年〇月〇日、Ａ土地につき、原告への所有権移転登記をした

c　対抗要件具備による所有権喪失の抗弁（紛争類型別56頁、新問研80頁、平成29年・平成28年予備試験、平成27年司法試験）

被告が前主から当該物を譲り受け対抗要件を具備すると、原被告の間では、被告による所有権取得が優先しますから、これにより原告は所有権を喪失した（又は最初から取得していなかった）との主張です。

原告が、当該物の所有権を喪失した（又は最初から取得していなかった）のであれば、現在を基準時とする返還請求権は発生しませんから、この抗弁は、障害の抗弁となります。

➡なお、この抗弁は、対抗要件を具備した譲受人以外に、その優先の効果が及ぶ者も、提出することができます（平成27年司法試験）。

対抗要件具備による所有権喪失の抗弁

抽象的要件	要件事実の例
前主から被告への所有権取得原因	甲は、被告に対し、令和○年○月○日、Ａ土地を代金300万円で売った
被告が対抗要件を具備したこと	甲は、令和○年○月○日、Ａ土地につき、被告への所有権移転登記をした

第3 所有権に基づく建物収去土地明渡請求訴訟

1 概 要

原告の所有土地上に、被告が、何の権原もなく、建物を所有している場合です。

被告は、その建物を所有することによって、原告の土地を不法に占有しているわけですから、原告は、被告に対し、土地の所有権に基づいて、土地の明渡しを求めることになります。

ところが、「被告は、原告に対し、別紙物件目録記載の土地を明け渡せ」との主文では、民事執行法上、土地とは別個の不動産である建物についての強制執行ができません。そのほかに、建物の収去を命ずる主文が必要です。

このような執行上の制約があるというのが、本訴訟のポイントです。

2 訴訟物（紛争類型別66頁、平成28年・平成26年司法試験）

本訴訟の主文（及び請求の趣旨）には、建物についての強制執行を可能にするため、「建物を収去して」との文言を入れる必要があります。

そして、この「建物収去」の主文を導き出すために、建物収去義務の存否についても審理判断する必要がありますが、これは、訴訟物に準ずるものとして、審判の対象となると解されています。

➡なお、本訴訟の訴訟物の個数についての見解の対立（紛争類型別66頁）は、司法試験・予備試験レベルでは、理解する必要は全くありません。

訴訟物

所有権に基づく返還請求権としての土地明渡請求権（そのほかに、建物収去義務の存否も訴訟物に準ずる）

請求の趣旨の例

被告は、原告に対し、別紙物件目録記載2の建物を収去して同目録記載1の土地を明け渡せ。

3 請求原因（紛争類型別67頁、平成28年・平成26年司法試験）

➡もっとも、予備試験では、建物収去土地明渡請求の請求原因の要件事実については検討の必要がないという注意書きがされており、したがって、以下の記載は、予備試験の範囲外であることが、ほぼ間違いないようです。

ア　概　要

本訴訟は所有権に基づく土地明渡請求訴訟ですから、その請求原因の要件事実は、①原告の土地所有と②被告の土地占有の二つになります。

また、本訴訟では、建物収去義務の存否も審判の対象となるため、建物収去義務の発生原因の主張も必要となりますが、建物の収去義務を負うのは当該建物の所有者ですから、③土地上に建物があり、その建物を被告が所有していることも要件事実になります。

もっとも、土地上の建物を所有しているということは、その建物によってその土地を占有していることに他なりませんから、③を主張すれば、それにより②を主張したことになります。

したがって、要件事実は、①と③で足りることになります。

イ　被告の建物所有

土地上に被告の「所有」する建物があるということですから、ここでも、「所有」の主張方法の問題が生じます。

被告が、現在の建物所有を争わないのであれば、上記③は、「土地上に建物があり、その建物を被告が現在所有していること」を主張すれば足ります。権利自白により被告の所有が確定し、それにより被告による現在の土地占有も認められます。

請求原因

抽象的要件	要件事実の例
原告　土地の所有	原告は、当該土地を所有している
被告　建物を所有して土地を占有	被告は、当該土地上に建物を所有している

他方、被告が、現在の建物所有は争うが、過去のある時点における建物所有は争わないというのであれば、上記③は、「土地上に建物があり、その建物を被告が過去のある時点において所有していたこと」を主張することになります。その時点における被告の所有が権利自白により確定し、請求原因段階においては、その所有権が現在まで存続していることになるため、それにより、被告による現在の土地占有も認められることになります。

これに対し、被告は、当該時点の後、現在までの間に、その建物の所有権を喪失したことを抗弁として主張することができます。

請求原因（被告の建物現所有に争いがある場合）

抽象的要件	要件事実の例
原告　土地の所有	原告は、当該土地を所有している
被告　建物を所有して土地を占有	被告は、令和○年○月○日、当該土地上に建物を所有していた

建物所有権喪失の抗弁

抽象的要件	要件事実の例
被告の建物の所有権の喪失原因	被告は、乙に対し、令和○年○月○日、当該建物を 300 万円で売った

コラム　3

主張の摘示のルール

1　主張の摘示、すなわち、当事者の陳述書面の中から要件事実を抽出して判決書の「当事者の主張」欄に記載する作業には、様々なルールがあります。そのいくつかをご紹介します。

2　過剰主張

訴訟において当事者がした陳述した主張のうち、判決書の「当事者の主張」欄に摘示されるのは、当該攻撃防御方法による法律効果が生ずるのに必要最小限の事実に限られます。

それ以外の事実の主張は、「過剰主張」と呼ばれ、要件事実として摘示されません。

判決書の「当事者の主張」欄に摘示された事実は、証拠によって、その存否の認定をしなければなりません。必要のない事実認定をしなくてもすむように、「当事者の主張」欄では、不要な事実を完全に排除しておく必要があるのです。

過剰主張の理論は、その後、a＋bの理論（オッカムのカミソリ）と呼ばれる理論に発展していきました。

3　黙示的主張

事実の主張が黙示的にされていると認めることができる場合があります。

例えば、Aという事実の主張はされており、そうであれば、その前提となるBという事実の主張も当然にされているはずであるということができる場合です。

このような場合、黙示的にその主張がされているものと認めて、それを判決書の「当事者の主張」欄に摘示することができます。

黙示的主張を認めた最高裁判決もあります（最三小判昭和36年2月28日民集15巻2号324頁）。

4　概括的主張

契約不適合、占有などといった抽象度の高い事実要件の場合、それに該当する具体的事実として、どの程度詳細な主張をすればよいのでしょうか。主張の具体化のレベルの問題です。

この問題を考える際には、①当事者が、どの程度細かく主張をする必要があるのかという問題と、②当事者が細かく主張した事実について、裁判所が、判決書の「当事者の主張」欄にどの程度細かく摘示すべきかという問題を分けて考える必要があります。

争点にもなっておらず、相手方も特段争っていない事実であれば、①当事者は、さほど詳細に主張する必要がないということができますし、また、②仮に当事者が陳述書面において詳細な主張をしていたとしても、判決書の「当事者の主張」欄には、さほど詳細に主張を摘示する必要はないということができます。

第4章
不動産登記

第1 概 要

1 登記請求権

(1) 紛争類型別の第4章では、登記請求権を行使する訴訟が扱われています。登記請求権は、債権的登記請求権、物権的登記請求権、物権変動的登記請求権に分けられますが、そのうちの前2者のみが取り上げられています。

本書では、下記第2で債権的登記請求権、下記第3以下で物権的登記請求権を取り扱います。

➡なお、紛争類型別の第4章では、虚偽表示の善意の第三者についても扱われています（紛争類型別88頁）が、本書では、第3章の第2の4イcで扱っています。

(2) 登記手続は、登記権利者と登記義務者が共同で申請をして、登記官がその登記をするのが原則です（不登60条）が、共同申請すべき者の一方が登記の申請に協力しない場合、他方はこれに協力するよう求めることができます。これが登記請求権といわれるものです。

➡「登記権利者」、「登記義務者」というのは登記手続法上の用語であり、実体上の登記請求権の権利者と義務者に概ね一致します。

2 登記手続の種類

ア 所有権移転登記

甲野太郎が建物を建てました。甲野太郎は、自己名義で、その建物の「保存登記」をします（ここまでは甲野太郎の単独申請で登記をすることができます）。

甲野太郎が、乙野次郎に、その建物を譲渡した場合、乙野次郎の「所有権移転登記」をする手続をします（登記義務者である甲野太郎と登記権利者である乙野次郎の共同申請によります）。これが所有権移転登記手続です。

➡当該不動産の登記記録の「甲区」の一番上に甲野太郎の所有権保存登記が記録されており、その下に、所有権の移転を受けた乙野次郎の所有権移転登記が記録されます。譲渡の度に新しい所有権移転登記が記録されますから、一番下にある所有権移転登記の名義人が、現在の所有者です。その不動産の「登記名義人」とも呼ばれます。

➡ちなみに、登記記録の「乙区」には、所有権以外の物権が記録されます。その多くは抵当権です。

➡所有権移転登記をする際には「登記原因」が必要です。例えば、当該不動産を遺贈により譲り受けた場合の登記原因は「令和〇年〇月〇日遺贈」です。

イ 登記の抹消

上記アの譲渡が後で取り消されたり元々無効であった場合や、偽造文書による不実の登記であった場合、乙野次郎の「所有権移転登記」を抹消します（登記権利者である甲野太郎と登記義務者である乙野次郎の共同申請によります）。これが登記の抹消手続です。

➡甲区に記載された乙野次郎の所有権移転登記が抹消され、甲野太郎の所有権保存登記だけが残ります。

第2 売買契約に基づく所有権移転登記請求訴訟

(紛争類型別93頁、平成27年予備試験、平成26年予備試験(ただし贈与)、令和2年・平成28年司法試験)

1 概 要

登記請求権が債権的に発生する場合として、その典型例である売買契約に基づく所有権移転登記請求を取り扱います。

この請求権は、不動産の買主が、売主に対し、売買目的物の所有権移転登記手続をすることの協力を求めるものです。なお、この場合の登記原因は「令和○年○月○日売買」です。

➡登記権利者は買主で登記義務者は売主です。登記原因の「令和○年○月○日」は、通常は、売買契約の成立日です。

2 訴訟物及び請求原因

訴訟物

売買契約に基づく所有権移転登記請求権

➡所有権移転登記をする手続に協力するよう請求する権利は、「所有権移転登記請求権」と呼ばれています。

請求の趣旨

被告は、原告に対し、別紙物件目録記載の土地について、令和○年○月○日売買を原因とする所有権移転登記手続をせよ。

訴訟物である所有権移転登記請求権は、売買契約が成立するとそれに基づいて直ちに発生するものです(民560条)。そこで、請求原因では、売買契約の成立の主張をします。

請求原因

抽象的要件	要件事実の例
売買契約の成立	原告は、被告から、令和○年○月○日、A土地を300万円で買った

➡民法555条によると、売買契約の成立要件は、「目的財産権の移転の合意」と「その対価としての代金の支払の合意」です。そこで、要件事実においては、売買の目的財産権と代金の記載が不可欠です。

3 抗 弁

同時履行の抗弁など、売買契約に基づく目的物引渡請求における抗弁が、本訴訟でも抗弁になります(第1章の第3の3以下参照)。また、売買契約の虚偽表示無効、債務不履行解除なども抗弁になります(第1、3章参照)。

第３ 所有権移転登記抹消請求訴訟

（紛争類型別 72 頁、新問研 85 頁、平成 28 年司法試験）

１　訴訟の概要

自己の不動産に他人の所有権移転登記がある場合に、その他人に対し、その所有権移転登記の抹消を求めるものです。

➡登記権利者は所有者で登記義務者は当該登記の名義人です。

２　訴訟物

⑴　他人名義の所有権移転登記があることで、不動産の完全支配が損なわれていますから、所有権に基づいて、その回復を図ることができます。

所有権が、占有以外の態様で侵害されている場合ですから、物上請求権の３類型のうち妨害排除請求権を行使します。

⑵　この請求権は、第３章の第２の所有権に基づく返還請求権と同じように考えることができます。侵害の態様が異なる（占有侵害か、それ以外の侵害か）だけだからです。例えば、請求権の発生時期は現在（＝口頭弁論終結日）となります。

訴訟物

所有権に基づく妨害排除請求権としての所有権移転登記抹消請求権（ただし現在である口頭弁論終結日に発生したもの）

➡なお、紛争類型別 72 頁は、所有権移転登記「抹消登記」請求権と表記していますが、不動産登記法において「登記の抹消」と「抹消登記」は異なる概念です。本請求は、「登記の抹消」に当たることから、「登記抹消」請求権とするのが正確です。ただし、新問研 86 頁は、この問題を指摘しつつも、従来の実務の慣行に従って「抹消登記」請求権と表記するものとしています。もっとも、司法試験・予備試験レベルでは訴訟物のネーミングが問題になることはありません。

請求の趣旨

被告は、別紙物件目録記載の土地について、別紙登記目録記載の登記を抹消する登記手続をせよ。

➡登記抹消請求は、慣例的に、「被告は、原告に対し、」とはせず、「原告に対し、」を省略するものとされています。

３　請求原因

原告の所有する不動産に被告名義の所有権移転登記があることで妨害排除

請求権が発生しますから、その発生原因は「原告が当該不動産を所有していること」と「当該不動産に被告名義の所有権移転登記があること」です。

行使するのは「現在」の登記抹消請求権ですから、「原告の現在の所有」と「現在における被告名義の所有権移転登記の存在」が要件事実となります。

請求原因

抽象的要件	要件事実の例
原告が当該不動産を所有	原告は、Ａ土地を所有している
当該不動産に被告名義の所有権移転登記の存在	Ａ土地には、別紙登記目録記載の所有権移転登記がある

➡妨害状態を明らかにするために、被告名義の登記の内容は、別紙登記目録を使うなどして具体的に主張すべきであるとされています。

４　抗　弁

原告の所有権の喪失等に関する抗弁があります（その詳細は第３章及び第６章を参照）。

第4 時効取得を原因とする所有権移転登記請求訴訟

（紛争類型別76頁、新問研96頁、平成26年予備試験）

1　訴訟の概要

不動産を時効取得した者が、時効取得を原因とする所有権移転登記をするために、当該不動産の前主を被告として、所有権移転登記手続への協力を求めるものです。

➡**前主から時効取得者へと所有権が「移転」することから、所有権「移転」登記がされるものです（登記の世界では、時効取得は、原始取得ではなく「伝来取得」と考えられています）。登記権利者は時効取得者で登記義務者は前主です。**

2　訴訟物

司法研修所民事裁判教官室は、この場合の訴訟物を、所有権に基づく妨害排除請求権としています（紛争類型別76頁）。

➡**もっとも、これは、司法研修所民事裁判教官室の独自の見解ともいうべきものです。この見解に従うと、乙が、甲の不動産を時効取得した後に、その所有権移転登記を経由しないまま、当該不動産を丙に譲渡してしまった場合、もはや乙は所有者ではありませんから、所有権移転登記手続ができず、所有権移転登記は永遠に甲で止まったままになってしまいます（丙が乙の「所有権」に基づく登記請求権を代位行使することもできません）。これでは、物権の所在を正確に公示するという登記の機能が果たせなくなります。**

訴訟物（司法研修所民事裁判教官室の見解）

所有権に基づく妨害排除請求権としての所有権移転登記請求権（ただし現在である口頭弁論終結日に発生したもの）

請求の趣旨

被告は、原告に対し、別紙物件目録記載の土地について、令和〇年〇月〇日時効取得を原因とする所有権移転登記手続をせよ。

➡**なお、この場合の登記原因の日付（令和〇年〇月〇日）は、時効の起算日（占有開始日）とするのが実務ですが、これを疑問とする学説も有力です。**

3　請求原因

ア　要件事実の概要

司法研修所民事裁判教官室の見解に従うと、本訴訟は、不動産の所有権を時効取得した原告が、その不動産には被告の所有権移転登記があることから、これがその不動産の完全な支配の妨害に当たるとして、被告に対し、原告の所有権移転登記をする手続に協力することを求めるものと考えることになります。

➡もっとも、本訴訟を所有権に基づく妨害排除請求と捉えると、原告の現在の所有を被告が争わないときは、原告は、自己の現在の所有権の存在を主張すれば足り、時効取得の主張をする必要がなくなりますが、それでは、時効取得を原因とする所有権移転登記請求権の発生原因の主張としては不十分といわざるを得ません。また、この不動産の甲区には、被告に至るまでの歴代の所有者の所有権移転登記が連なっていますが、そのうちの被告の所有権移転登記だけが妨害に当たるとする理由も不明です（一般には、中間の登記も、妨害に当たると考えられています）。

そこで、請求原因の要件事実は、大きく分けると、「原告が不動産を時効取得したこと」と「その不動産に被告の所有権移転登記があること」になります。

イ　長期取得時効の完成（平成24年司法試験）

長期取得時効の完成の実体要件は、「20年間、所有の意思をもって、平穏に、かつ、公然と他人の物を占有」したことです（民162条1項）が、請求原因において主張が必要になるのは、「20年間、当該物を占有したこと」だけです。

所有の意思、平穏、公然は、占有の事実から推定されます（民186条1項「占有者は、所有の意思をもって、善意で、平穏に、かつ、公然と占有をするものと推定する」）から、主張する必要がありません（これらの不存在が抗弁に回ります）（最三小判昭和54年7月31日裁判集民事127号315頁）。

また、「他人の物」については、判例（最二小判昭和42年7月21日民集21巻6号1643頁、最一小判昭和44年12月18日民集23巻12号2467頁）が、これを時効取得の実体要件としていません。新問研101頁は判例をそのように理解しています。

➡もっとも、判例をこのように解することには異論もあります。過去の司法試験において「他人の物」が実体要件であることを前提として論文試験の問題が作成されたこともあります。

そこで、残された要件である「物の20年間の占有」のみ主張すれば足りるということになります。

例えば、占有期間の起算日が平成16年3月3日であるとすると、その翌日である同月4日から起算して（民140条）、その20年後である令和6年3月3日（民143条2項）の経過により、長期取得時効が完成します。

➡占有期間の両端の占有（上記の例だと、平成16年3月3日の占有と、令和6年3月3日の占有）のみを要件事実とすることもできます。その間の占有は継続したものと推定される（民186条2項）からです。

ウ　短期取得時効の完成

短期取得時効の完成の実体要件は、「10年間、所有の意思をもって、平穏に、かつ、公然と他人の物を占有し」、「その占有の開始の時に、善意であり、かつ、過失がなかった」ことです（民162条2項）が、請求原因において主張が必要になるのは、「過失なく占有を開始し、それから10年間、当該物を占有したこと」だけです。

所有の意思、平穏、公然、善意は、占有の事実から推定されます（民186条1項）から、主張する必要がありません（これらの不存在が抗弁に回ります）（最三小判昭和54年7月31日裁判集民事127号315頁）。

➡無過失は推定されません（最一小判昭和46年11月11日裁判集民事104号227頁）。

また、「他人の物」が実体要件ではないことは長期取得時効の場合と同じです。

そこで、残された要件である「物の10年間の占有」と「占有開始時の無過失」のみ主張すれば足りるということになります。

ここでいう「無過失」とは、自己に所有権があると信じるにつき過失がなかったことをいいます。これは、通常の事実要件ではなく、規範的要件（＝裁判所の規範的評価を伴う要件）ですから、原告は、無過失の根拠となる事実（評価根拠事実）を主張立証し、他方、被告は、無過失との評価を妨げる事実（評価障害事実）を主張立証し、裁判所は、これらの全ての事実を総合的に判断して、無過失と評価します（又は無過失とは評価できない旨を判示します）。

エ　時効の援用

時効学説について、判例（最二小判昭和61年3月17日民集40巻2号420頁）は、いわゆる不確定効果説（時効の完成だけでは時効の効果は確定的に発生しないとする説）のうちの停止条件説（時効が援用されたことを停止条件として時効の効果が発生するとする説）を採用しているというのが、司法研修所民事裁判教官室の理解です。

➡このような判例の理解には学説からの異論もあります。

この説では、所有権の時効取得という法律効果は、時効の援用の意思表示がされて初めて発生しますから、時効の援用の意思表示の主張が必要となります。

➡意思表示の相手方は、時効によって不利益を受ける者（原告の時効取得によって当該不動産の所有権を失う者）です。

➡もっとも、本訴訟の訴訟物について司法研修所民事裁判教官室の見解に立つと、被告

は、原告の所有権を妨害している者にすぎませんから、そのような者に対する時効の援用の意思表示で足りるのかという疑問がぬぐえません。

請求原因（長期取得時効の場合）

抽象的要件	要件事実の例
原告が当該不動産を占有	原告は、令和○年○月○日、A土地を占有していた
原告が当該不動産をその20年後に占有	原告は、令和○年○月○日（＝20年後の日）の経過時、A土地を占有していた
時効の援用	原告は、被告に対し、令和○年○月○日、上記時効を援用するとの意思表示をした
被告名義の登記の存在	A土地には、被告名義の所有権移転登記がある

➡もっとも、司法研修所民事裁判教官室の見解に立つと、本訴訟の被告となり得るのは最終の所有権移転登記の名義人だけであって、中間の所有権移転登記の名義人は被告になれませんから、「被告名義の所有権移転登記の存在」では不正確であり、「被告が最終の登記名義人であること」が要件事実になるはずです。このように、司法研修所民事裁判教官室の見解には問題が多すぎますが、平成26年の司法試験予備試験の論文試験では、この見解をベースにしたと思われる出題がされてしまっています。

請求原因（短期取得時効の場合）

抽象的要件	要件事実等の例
原告が当該不動産を占有	原告は、令和○年○月○日、A土地を占有していた
原告が当該不動産をその10年後に占有	原告は、令和○年○月○日（＝10年後の日）の経過時、A土地を占有していた
原告の占有開始時の無過失	原告は、令和○年○月○日（＝占有開始日）以前に、A土地を父から相続したと母から聞いていた
時効の援用	原告は、被告に対し、令和○年○月○日、上記時効を援用するとの意思表示をした
被告名義の登記の存在	A土地には、被告名義の所有権移転登記がある

4　所有の意思の不存在の抗弁

ア　概　要

請求原因において推定された事実（所有の意思、平穏、公然、善意）は、その不存在が抗弁に回ります（上記3イ参照）。

例えば、占有の事実から、原告は善意と推定されています（民186条１項）が、実際には善意ではない（＝悪意）のであれば、被告は、悪意の抗弁を提出することができます。

紛争類型別では、所有の意思の不存在の抗弁を取り上げていますので、以下説明します。

イ　他主占有権原の抗弁（平成26年予備試験、平成24年司法試験）

占有の事実から、原告には所有の意思があったと推定されています（民186条１項）が、実際には原告に所有の意思がなかったのであれば、被告は、所有の意思の不存在を抗弁とすることができます。

所有の意思のない占有者の典型例は賃借人です。賃借人は、所有の意思を持って占有しているわけではないので、何十年占有してもその物を時効取得しないのです。

このように、所有者でないのに占有することができる権原のことを、他主占有権原といいます。

所有の意思の有無は、占有者の内心の意思によってではなく、外形的客観的に決せられるべきものであり、具体的には、他主占有権原の有無、又は、下記ウの他主占有事情の有無によって決せられます（最一小判昭和58年３月24日民集37巻２号131頁）。

他主占有権原の抗弁

抽象的要件	要件事実の例
所有者ではないのに占有することができる権原の発生原因	原告は、甲から、令和○年○月○日、Ａ土地を月額○万円で賃借した

ウ　他主占有事情の抗弁

他主占有権原は認められないものの、外形的客観的な事情から所有の意思の不存在が認められることがあります。

例えば、その不動産の固定資産税を負担していないことです。所有者であれば、当然に、固定資産税を支払うはずですから、これを支払っていないということは、自分が所有者であるとは思っていない（＝所有の意思がない）ことを基礎付ける事情となり得ます。

また、自己名義への所有権移転登記手続をしていないことも、所有の意思がないことを基礎付ける事情になり得ます。自己が所有者であると思っているのであれば、当然に、登記を自己名義にしようとするはずだからです。

➡登記が前主名義のままだと、第二譲受人の対抗要件具備などにより、その物の所有権を失いかねません。

他主占有事情の抗弁

抽象的要件	要件事実の例
所有の意思がないことを基礎付ける外形的客観的事情	原告は、A土地の固定資産税を負担したことがない 原告は、A土地につき、自己名義の所有権移転登記手続をしたことがない

第５ 抵当権設定登記抹消請求訴訟

（紛争類型別 79 頁、新問研 109 頁、令和２年予備試験）

1　訴訟の概要

自己の不動産に不実な抵当権設定登記がされているので、その登記名義人を被告として、その登記の抹消を求めるものです。

➡抵当権設定登記の名義人とは、その登記において「抵当権者」とされている者です。その者と所有者の共同申請によりその登記を抹消します。登記権利者は所有者であり登記義務者は抵当権設定登記の名義人です。

➡被担保債権が大昔に消滅時効が完成しているような古い抵当権の設定登記が抹消されないまま残っていることもあり、それを抹消するために、その名義人の相続人らを被告として本訴訟が提起されることもあります。

2　訴訟物・請求原因

⑴　訴訟物及び請求原因は、上記第３の所有権移転登記抹消請求と同様であり、抹消の対象が所有権移転登記から抵当権設定登記に変わるだけです。

⑵　訴訟物は、所有権に基づく妨害排除請求権としての抵当権設定登記抹消請求権です。

請求原因は、「原告が当該不動産を所有していること」と「当該不動産に被告名義の抵当権設定登記（被告を抵当権者とする抵当権設定登記）」があることです。

⑶　この抵当権設定登記が無効であることが請求原因の要件事実になるのではなく、有効であることが抗弁に回ります。

➡なお、登記には推定力がありますが、ここでいう「推定」とは、立証責任の転換を伴う「法律上の推定」ではなく、証拠としての証明力が強いこと（事実上の推定）を意味しているにすぎないとするのが判例（最一小判昭和 34 年１月８日民集 13 巻１号１頁）です。

3　登記保持権原の抗弁

ア　概　要

上記２⑶のとおり、当該抵当権設定登記が有効であることは、抵当権者である被告が、抗弁において明らかにします。

当該抵当権設定登記が有効であれば、その抹消請求権は発生しませんから、この抗弁は障害の抗弁となります。

➡この抗弁は、平成の初期までは、当該登記が当該抵当権設定契約に基づいてされたものであれば、抵当権者には当該登記を保持する権原があるというものでした（抗弁のタイトルはその頃の名残です）。その後、抵当権設定契約に基づいてされたのではない登記でも有効になることがあることが判例により明らかになりました。そこで、登記が有効であれば、抵当権者には当該登記を保持する権原があると考えられるようになり、本抗弁は、「登記の有効性の抗弁」へと内容が変化したものです。

イ　要件事実

a　概　要

登記の有効要件には実体的有効要件と形式的有効要件があり、その両方が本抗弁の要件事実になります。

b　実体的有効要件

実体的有効要件とは、その登記に符合する実体関係があることです。

抵当権設定登記であれば、当該抵当権が設定されたことであり、以下の主張が必要となります。

① 債権の発生原因（例えば消費貸借契約の成立）

② 上記債権を被担保債権とする抵当権設定契約の成立

③ 上記抵当権の設定者が当該不動産の所有者であること

➡③は、抵当権の設定契約が物権契約（直接物権の発生を目的とする契約）であって、目的不動産の所有者でなければ抵当権を設定することができないことから、要件事実になるものです。

➡紛争類型別83頁は、実体的有効要件として「登記と実体関係との関連性」も必要であるとしていますが、この要件は新問研115頁で不要とされました。

c　形式的有効要件

形式的有効要件とは、その登記が手続的に適法にされたことです。

この要件は、反対当事者から不具備の指摘がされた場合にのみ、具体的な主張をすれば足ります。

例えば、当該抵当権設定登記は偽造文書によって勝手にされたものであるとの指摘があれば、当該登記が登記権利者と登記義務者の意思に基づいてされたものであることを具体的に主張する必要があります。

➡なお、登記義務者の意思に基づかない登記を有効とした救済判例（最二小判昭和41年11月18日民集20巻9号1827頁）があり、紛争類型別75頁は、この判例が定立した要件に基づく要件事実も紹介していますが、すでに司法試験・予備試験のレベルを超えています。

➡なお、新問研115頁は、「手続的有効要件のことを「登記が抵当権設定契約に基づく」と表すことにします」などと記載していますが、これは、紛争類型別84頁オの手前2行を「意図的に」誤読したものであって（同頁オを併せて読めば、誤読であることは明らかです）、とても不誠実な記述です。新問研には、不正確な記述が散見されるほか、不誠実な記述もところどころで見られます（例えば、誰も言っていないことについて、「……などと言われています。」と記述するなどです）。

本抗弁が登記の有効性の抗弁に変化する前は、「当該登記が私法上の権原である抵当権に基づく」ことが、本抗弁の要件事実になるとされており、「登記基づく」要件、或いは、「関連性」要件などと呼ばれていましたが、本抗弁が登記の有効性の抗弁に変わったことで、この要件事実はなくなりました。ところが、新問研は、「登記基づく」という、歴史のある要件を消滅させたくないからなのか、それとは全く無関係である手続的有効要件を表すものとして、このフレーズだけを存続させているのです。「手続的有効要件」のことを「登記基づく」と言い換えると言われても、初学者は、日本語として、意味が全く分からないはずです。

登記保持権原（抵当権設定登記の有効性）の抗弁

抽象的要件	要件事実等の例
被担保債権の発生原因	被告は、原告に対し、令和〇年〇月〇日、300 万円を貸し付けた
抵当権設定契約の成立	原告と被告は、令和〇年〇月〇日、Ａ土地に、被告を抵当権者とし、上記貸金債権を被担保債権とする抵当権を設定する合意をした
抵当権設定者による目的不動産の所有	原告は、令和〇年〇月〇日、Ａ土地を所有していた
登記手続の適法性	－争いがなければ主張不要－

第6 真正な登記名義の回復を原因とする所有権移転登記請求訴訟

（紛争類型別90頁、平成28年予備試験）

1 訴訟の概要

甲が、Aに、不動産を売りました。ところが、甲は、その不動産をBにも譲渡し、Bの所有権移転登記がされてしまいました。

Aは、まず、Bを被告として、その所有権移転登記の抹消請求をし、さらに、甲を被告として、売買を原因とする所有権移転登記手続請求をするところです。

この二回の登記手続に替えて、ショートカットとして、BからAへの所有権移転登記手続をすることが実務上認められています。

そこで、Aは、Bを被告として、所有権移転登記請求をすることができます。

➡登記権利者はAで登記義務者はBです。

この場合の登記原因は「真正な登記名義の回復」となります。

➡この場合の登記原因を、このネーミングにしようと、法務省が昭和30年代に決めたものです。

2 訴訟物

訴訟物

物権変動的登記請求権としての真正な登記名義の回復を原因とする所有権移転登記請求権

請求の趣旨

被告は、原告に対し、別紙物件目録記載の土地について、真正な登記名義の回復を原因とする所有権移転登記手続をせよ。

司法研修所民事裁判教官室は、本請求の訴訟物を、所有権に基づく妨害排除請求権としているようです（紛争類型別91頁参照）が、本来行われるべき二回の登記手続のうちの前半だけにしか当てはまりませんから、この見解は相当とはいえません。

本請求は、ショートカットでの物権変動の公示を認めるものであり、物権変動的登記請求権の一種と考えるべきです。

3 請求原因以下

上記1のような関係になる場合に、特別に「真正な登記名義の回復」を原因とする所有権移転登記請求が認められているのですから、本訴訟の請求原因においても、そのような関係にあることが、請求を基礎付けるものとして要件事実になることが明らかであって、紛争類型別 91 頁にあるように単に「原告の所有」と「被告の登記」だけで要件事実として足りるというものではありません。

➡このように、紛争類型別第４章は、問題のある記述が多く見られます。

第７　登記上利害関係を有する第三者に対する承諾請求訴訟

（紛争類型別 85 頁）

➡この請求は、司法試験・予備試験での出題可能性は極めて低いと思われます。

登記の抹消をしたいが、その抹消について登記上利害関係のある第三者がいるときは、その第三者の承諾を得た上でなければ、登記の抹消ができません。

➡例えば、ある所有権移転登記を抹消すると、それと共に、第三者の抵当権設定登記も消滅してしまう場合です。

この承諾が任意に得られない場合、その第三者を被告として、承諾を求める訴訟を提起し、それに勝訴した上で、登記の抹消をすることになります。

もっとも、第三者が承諾義務を負わないのであれば、承諾請求をすることはできません。

第８ 真正な登記名義の回復を原因とする抹消に代わる所有権移転登記請求訴訟

（紛争類型別 75 頁、令和２年予備試験）

1 訴訟の概要

例えば、Ａの所有する不動産に、Ａの所有権移転登記に続けて、Ｂの不実の所有権移転登記があるため、Ａは、このＢの登記を抹消したいのですが、同不動産には、Ｂの所有権移転登記を前提とするＣの抵当権設定登記がありました。

この場合、Ｃが承諾しない限り、Ｂの所有権移転登記の抹消はできません。

➡**Ｂの所有権移転登記が抹消されると、それに伴ってＣの抵当権設定登記も消滅し、Ｃに不利益をもたらすからです。**

ところが、Ｃが承諾義務を負うとは限りません。

➡**例えば、Ｃがその抵当権をＡに対抗することができる場合、Ｃには承諾義務がありません。**

Ｃが承諾義務を負わず、任意の承諾にも応じない場合、Ａが、当該不動産の登記名義を自己に戻す方法としては、Ｂの不実の所有権移転登記の次に、改めて自己名義の所有権移転登記をするしかありません。

➡**この場合、甲区は、「Ａの所有権移転登記」→「Ｂの所有権移転登記（それを前提とするＣの抵当権設定登記）」→「Ａの所有権移転登記」となります。**

➡**この方法によるとＣの抵当権設定登記は消滅しませんから、抵当権者の承諾が不要となります。**

この場合の所有権移転登記の登記原因は「真正な登記名義の回復」となります。

➡**この場合の登記原因を、このネーミングにしようと、法務省が昭和 30 年代に決めたものです。**

2 訴訟物、請求原因等

本訴訟は、本来であれば、Ｂの登記の抹消手続をすべきところ、それに代えて、真正な登記名義の回復を原因とする所有権移転登記手続をするものですから、登記の手続の種類が異なるだけで、それ以外のことは、前記第３の登記抹消請求のとおりであるとするのが紛争類型別の理解です。

➡**しかしながら、本訴訟の請求原因では、「登記の抹消に代えて真正な登記名義の回復を原因とする所有権移転登記をする必要があることを基礎付ける事由」も要件事実に**

なると解すべきです。そうでなければ、真正な登記名義の回復を原因とする所有権移転登記請求権は発生しないからです。

訴訟物

所有権に基づく妨害排除請求権としての真正な登記名義の回復を原因とする所有権移転登記請求権（ただし現在である口頭弁論終結日に発生したもの）

請求の趣旨

被告は、原告に対し、別紙物件目録記載の土地について、真正な登記名義の回復を原因とする所有権移転登記手続をせよ。

コラム 4

第2の要件事実

1　ロースクール制度の発足前から、大学の法学部の授業には、「民事訴訟法」という科目がありました。

そこでは、簡単な事例（例えば貸金返還請求）を用いて、請求権の発生要件に該当する事実を原告が請求原因事実として主張し、請求権の消滅要件等に該当する事実を被告が抗弁事実として主張するといったことを教えていました。

相手方の主張に対して認否をすること、抗弁の後に再抗弁、再々抗弁・・と続いていくこと、所有権の主張は相手方の認否如何によってその内容が異なることなども教えていました。

そして、請求原因等の攻撃防御方法の構成要件に該当する事実のことは、「要件事実」ではなく「主要事実」と呼んでいました。

2　ロースクールにおける要件事実教育とは、上記の法学部における授業を大幅に発展させた上で、さらに、「請求の趣旨」の記載の仕方を教えるなど、実務的な内容を盛り込んだものです。

そして、ロースクールの発足と同時に、かつて「主要事実」と呼ばれていたものは「要件事実」と呼ばれるようになりました。要件事実の二つめの意味の誕生です。

しかしながら、要件事実とは、請求原因等の構成要件に該当する事実の記載が、当事者の陳述書面にある場合に、それを判決書の「当事者の主張」欄に摘示したもののことであったはずです。単なる「主要事実」のことを「要件事実」と呼ぶことはできるのでしょうか（呼換えの可否）。また、このように「主要事実」を「要件事実」と呼び換える必要はあったのでしょうか（呼換えの要否）。

3　まず、主要事実を要件事実と呼び換えることの可否です。

「要件事実」とは司法研修所民事裁判教官室の専売特許ですから、呼換えの可否は、司法研修所民事裁判教官室の見解に従うしかありません。

ロースクール発足時に、この呼換えが正しいとする根拠となるものは特にありませんでしたが、司法研修所民事裁判教官室は、平成23年に「新問研」を発表し、その５頁で、明確に、こう述べたのです。

「一定の効果（権利の発生、障害、消滅、阻止）を発生させる法律要件に該当する具体的事実を要件事実ということにします。」

この記載は、主要事実を要件事実と呼び換えることについて、「本家」である司法研修所民事裁判教官室がお墨付きを与えたものと受け止められました。

4　次に、主要事実を要件事実と呼び換えることの要否です。

これは、その必要が大いにありました。

司法研修所で行われていた要件事実教育は、司法修習生の実務能力を飛躍的に高めるものとして、長い間、評価され続けてきました。

ロースクールとしても、これを承継しているとなれば、かなりポイントが高くなります。

実際には、判決書の「当事者の主張」欄の起案をする要件事実教育と、大学の法学部の授業を発展させただけの「要件事実」教育は、内容も難易度も全く異なります。しかしながら、「主要事実」を「要件事実」と呼び換えただけで、あたかも、ロースクールが、伝統のある要件事実教育を受け継いでいるかのような印象を与えることに成功したというわけです。

第5章

不動産明渡し（賃貸借終了）

第１ 概 要

紛争類型別の第５章では、土地の賃貸借の終了後に目的土地の返還を求める訴訟が扱われています。土地上には賃借人の建物があり、その収去も同時に求められています。

ここでは、まずは、賃貸借契約の終了に基づく土地明渡請求について説明した上で、本章が取り上げている賃貸借契約の終了に基づく建物収去土地明渡請求の説明をしたいと思います。

なお、本章では、主請求に加え、附帯請求として賃料相当損害金の請求もされていますが、その説明は省略します。

第２ 賃貸借契約の終了に基づく土地明渡請求訴訟

１　訴訟の概要

土地の賃貸借が終了したため、賃貸人が原告となって、賃借人を被告として、賃貸した土地の明渡しを求める訴訟です。

２　訴訟物（紛争類型別99頁、新問研121頁、平成20年司法試験）

訴訟物は、賃貸借の終了時に賃貸借契約に基づいて発生する土地明渡請求権ですが、伝統的に、「賃貸借契約の終了に基づく目的物返還請求権としての土地明渡請求権」と呼ばれています。

➡司法試験・予備試験では、訴訟物のネーミングを気にする必要はありません。

訴訟物

賃貸借契約の終了に基づく目的物返還請求権としての土地明渡請求権

請求の趣旨の例

被告は、原告に対し、別紙物件目録記載の土地を明け渡せ。

➡附帯請求の請求の趣旨は、「被告は、原告に対し、令和〇年〇月〇日から上記明渡済みまで１か月〇万円の割合による金員を支払え。」などとなります。当該土地の賃料相当損害金の支払を請求するものです。

３　請求原因（一般）

賃貸借契約の終了に基づく目的物返還請求権の発生原因として、①賃貸借契約が成立したことと、②賃貸借が終了したこと（賃貸借契約の終了原因）は、もちろん必要ですが、そのほかに、③賃貸借の開始により賃借人が目的物の引渡しを受けたことも必要です。賃借人は、目的物の引渡しを受けていないのであれば、これを返還する義務を負わないからです。

賃貸借の終了原因にはいろいろなものがありますが、本章では、期間満了、解約、解除が取り上げられています。

請求原因

抽象的要件	要件事実の例
賃貸借契約の成立	原告は、被告に対し、令和〇年〇月〇日、A土地を賃料月額〇〇万円で賃貸した

賃貸借契約に基づく目的物の引渡し	原告は、被告に対し、令和〇年〇月〇日、上記賃貸借契約に基づき、A土地を引き渡した
賃貸借契約の終了原因	賃貸借の終了原因事実（下記4以下）

➡民法604条によると、賃貸借契約の成立要件は、目的物を使用収益させること、その対価として賃料を支払うこと及び賃貸借終了時に目的物を返還することの各合意ですから、「賃貸借契約の成立」の要件事実では、賃貸する目的物とその賃料の記載が不可欠です。

4 期間満了（紛争類型別103頁、新問研123頁）

ア 概 要

賃貸期間が満了したことで賃貸借が終了する場合です。ここでは、借地借家法（又は旧借地法）が適用されない土地賃貸借を取り扱います。

建物所有目的の土地賃貸借には借地借家法（又は旧借地法）が適用されます（借地借家２条１号、旧借地１条）から、これが適用されないのは、例えば、青空駐車場にする目的で土地を借りた場合です。

➡建物所有目的の土地賃貸借の場合、平成４年８月１日より前に締結された賃貸借契約には旧借地法が適用され、同日以降に締結された賃貸借契約には借地借家法が適用されます。

イ 請求原因

賃貸期間の定めがあり、その期間が50年以内である場合、その期間が満了すると賃貸借は終了します（民604条１項）から、以下の主張が必要です。

① 当該賃貸借契約において賃貸期間を定めたこと

② ①の期間が満了したこと

50年以内の賃貸期間の満了の場合の請求原因

抽象的要件	要件事実の例
賃貸借契約の成立	原告は、被告に対し、令和〇年〇月〇日、A土地を賃料月額〇〇万円で賃貸した
賃貸借契約に基づく目的物の引渡し	原告は、被告に対し、令和〇年〇月〇日、上記賃貸借契約に基づき、A土地を引き渡した
賃貸期間の合意	原告と被告は、上記賃貸借契約において、賃貸期間を令和〇年〇月〇日までとする合意をした
賃貸期間の満了	令和〇年〇月〇日は経過した

ウ　建物所有目的の抗弁

a　概　要

当該賃貸借が建物所有目的でされたのであれば、借地借家法（又は旧借地法）が適用されるため、賃貸期間は同法の定めに従うことになりますが、その期間が満了していないのであれば、これが抗弁となります。

➡賃貸期間が満了していなければ、賃貸借契約の終了に基づく土地明渡請求権は発生しませんから、これは障害の抗弁となります。

借地借家法が適用されると、賃貸期間の最短期間が30年になる（借地借家3条）ため、30年未満の賃貸期間の合意をした場合は、賃貸期間が30年となり、30年以上の賃貸期間の合意をした場合は、その約定の期間となります。

b　建物所有目的

建物所有目的とは、土地の賃貸借の主たる目的が当該土地上の建物所有であることをいいます。例えば、広大な青空駐車場として使用する目的での土地賃貸借は、たとえ、その管理棟の建物があったとしても、主たる目的が建物の所有ではないため、建物所有目的とはいえません。

➡判例としては、ゴルフ練習場（最三小判昭和42年12月5日民集21巻10号2545頁）、自動車学校（最二小判昭和58年9月9日裁判集民事139号481頁）に関するものがあります。

建物所有目的の抗弁

抽象的要件	要件事実の例
建物所有目的の賃貸借であること	原告と被告は、上記賃貸借契約において、目的土地を被告が建築する予定の建物の敷地として使用することを合意した

c　再抗弁――一時使用

建物所有目的の賃貸借であっても、一時使用のための賃貸借であれば、借地借家法（又は旧借地法）が適用されません（借地借家25条、旧借地9条）から、これが再抗弁となります。

➡建物所有目的の抗弁による法律効果（請求権の発生障害）の発生を障害しますから、障害の再抗弁となります。

一時使用のための賃貸借とは、例えば、賃貸期間を数年程度の短期間と定め、契約の更新をしない旨の合意をした場合です。

➡この再抗弁の要件事実については争いがありますが、司法試験・予備試験の範囲を超えるため、これ以上の説明は省略します。

一時使用の再抗弁

抽象的要件	要件事実の例
一時使用のための賃貸借であること	原告と被告は、上記賃貸借契約において、賃貸期間を３年とし、契約の更新をしない旨の合意をした

エ　黙示の更新の抗弁

a　概　要

賃借人が賃貸期間の満了後も賃借物の使用を継続し、それに対し賃貸人が異議を述べないと、それによって賃貸借契約が更新されたと推定されることがあります。いわゆる黙示の更新（民 619 条１項）です。

黙示の更新により、当該賃貸借は、賃貸期間以外は従前と同一の条件で（民 619 条１項前段参照）、賃貸期間の定めのないものとして存続します。

➡黙示の更新がされると賃貸借は終了しませんから、賃貸借契約の終了に基づく土地明渡請求権の発生が障害されます。そこで、この抗弁は障害の抗弁となります。

b　要件事実

民法 619 条１項は、「賃貸借の期間が満了した後賃借人が賃借物の使用又は収益を継続する場合において、賃貸人がこれを知りながら異議を述べないとき」に更新が推定されると規定しています。

そこで、本抗弁では、以下の主張が必要となります。

①　賃借人が賃貸期間満了後も賃借物の使用収益を継続したこと

②　賃貸人が①を知りながら異議を述べなかったこと（＝異議を述べないまま相当期間が経過したこと）

黙示の更新の抗弁

抽象的要件	要件事実の例
賃借人による賃貸期間満了後の賃借物の使用収益の継続	被告は、令和○年○月○日以降、Ａ土地の使用を継続した
それを賃貸人が知ったこと	原告は、令和○年○月○日、被告によるＡ土地の使用の継続を知った
それから相当期間が経過	令和○年○月○日（＝相当期間の末日）が経過した
その期間内に賃貸人が異議を述べず	原告は、同日まで、被告によるＡ土地の使用継続について、被告に対し異議を述べなかった

c　再抗弁――更新合意の不存在

黙示の更新を定めた民法619条1項は、更新の合意を推定するものです。

これに対し、反対当事者は、その推定が現実とは異なっていることを立証することで、推定を覆すことができます。実際には更新の合意が明示的にも黙示的にもなかったことが再抗弁になるのです。

➡例えば、更新の合意がされていない（＝明示による更新合意の不存在）のみならず、賃貸借契約を締結した際に、いかなる事情があっても更新しない旨の合意をしていた（＝そのため、賃貸期間経過後の目的物使用に賃貸人が異議を述べなかったことをもって黙示的に更新合意がされたともいえない）場合です。

5　解約（紛争類型別111頁）

ア　概　要

賃貸期間の定めのない賃貸借契約を解約したことで賃貸借契約が終了する場合です。

ここでも、借地借家法（又は旧借地法）が適用されない通常の賃貸借を取り扱います。

イ　請求原因

土地の賃貸借契約は、解約後1年の経過により終了します（民617条1項1号）から、以下の主張が必要となります。

①　当該賃貸借契約を解約したこと

②　②から1年が経過したこと

賃貸借契約の解約の場合の請求原因

抽象的要件	要件事実の例
賃貸借契約の成立	原告は、被告に対し、令和〇年〇月〇日、A土地を賃料月額20万円で賃貸した
賃貸借契約に基づく目的土地の引渡し	原告は、被告に対し、令和〇年〇月〇日、上記賃貸借契約に基づき、A土地を引き渡した
賃貸借契約の解約	原告は、被告に対し、令和〇年〇月〇日、上記賃貸借契約を解約するとの意思表示をした
解約後1年の経過	令和〇年〇月〇日（＝解約から1年後の日）が経過した

ウ　建物所有目的の抗弁

a　概　要

当該賃貸借契約が建物所有目的であれば、借地借家法（又は旧借地法）が適用され、同法の定める賃貸期間があることになりますから、賃貸借契約の解約はできません。

そこで、建物所有目的であることが、解約による賃貸借契約の終了に基づく土地明渡請求権の発生を障害するものとして抗弁となります。

本抗弁の内容は、上記４ウと同様です。

b　再抗弁――一時使用

建物所有目的の抗弁に対しては、一時使用のための賃貸借であることが再抗弁になります（上記４ウｃと同様です）。

6　賃料不払解除（紛争類型別113頁、平成24年予備試験、平成29年司法試験（無断転貸解除）、平成26年司法試験、平成20年司法試験（無断転貸解除））

ア　概　要

賃料不払を理由に賃貸借契約を解除（履行遅滞解除）したことで賃貸借契約が終了する場合です。

イ　請求原因

a　概　要

契約の解除により賃貸借が終了する場合ですから、以下の主張が必要になります。

①　解除権の発生原因

②　解除権の行使

そして、①の解除権の発生原因は、賃料の支払期限の経過、反対給付の提供、催告及び客観的相当期間経過です（第１章の第２の８参照）。

b　賃料の支払期限の経過

賃貸マンションなどでは、賃料の支払期限が前月の末日であることが多いのですが、その場合で、例えば、令和６年４月分から12月分までの賃料不払を主張するのであれば、以下の主張が必要となります。

①　賃料の支払期限を前月末日とする合意をしたこと

②　令和６年３月から11月までの各末日の経過

➡なお、この場合、各月の賃料支払債務は、前月の末日に発生し、その経過により遅滞に陥ります。

他方、賃貸マンションなどで、賃料の支払期限をその月の末日払いとすることもありますが、その場合、賃料の支払期限を定めた民法614条の規定（建物は毎月末）のとおりであって、この条文を適用すれば足りるため、賃料支払期限の合意の主張の必要はなく（賃料支払期限の合意の主張がなければ、補充規定である民法614条が適用されます）、その期限の経過（例えば、令和3年年4月分から12月分までの賃料不払を主張するのであれば、同年4月から12月までの各末日の経過）を主張すれば足ります。

c　反対給付の提供

その月の末日払いの場合、賃借人の賃料支払債務と賃貸人の債務は同時履行関係にありますから、同時履行の抗弁の存在効を覆滅するための要件である「反対給付の提供」が必要になります。例えば、令和3年4月から12月までの賃料不払を理由に解除する場合、賃貸人の反対債務は、賃借人に賃貸物を引き渡した上、この期間、賃貸物の使用収益をさせたことです。具体的には、賃貸物を引き渡したことと、この期間（令和3年4月1日から12月31日まで）が経過したことを主張します。

➡その期間中に、賃貸物が滅失毀損するなどしてその使用収益ができなかったことは抗弁に回ります。

他方、前月末日払いの場合、賃借人の賃料支払債務と賃貸人の債務は同時履行ではありません（賃借人の賃料支払債務が先履行）から、同時履行の抗弁の存在効を覆滅するための要件である「反対給付の提供」は不要です。

賃料不払解除の場合の請求原因

抽象的要件	要件事実の例
賃貸借契約の成立	原告は、被告に対し、令和〇年〇月〇日、A土地を賃料月額〇〇万円で賃貸した
賃貸借契約に基づく目的物の引渡し	原告は、被告に対し、令和〇年〇月〇日、上記賃貸借契約に基づき、A土地を引き渡した
賃料支払期限の約定	原告と被告は、上記賃貸借契約において、毎月の賃料をその前月の末日までに支払うとの合意をした
賃料支払期限の経過	令和〇年〇月から令和〇年〇月までの各末日は経過した
催告	原告は、被告に対し、令和〇年〇月〇日、上記未払賃料を支払うよう催告した
相当期間の経過	令和〇年〇月〇日（=相当期間の末日）が経過した
解除の意思表示	原告は、被告に対し、令和〇年〇月〇日、上記賃貸借契約を解除するとの意思表示をした

➡なお、無催告解除特約（賃料の不払があれば催告をせずに解除することができるとの特約）がある場合は、催告・客観的相当期間の経過に代えて、同特約があることを要件事実とすることができます。ただし、判例（最一小判昭和 43 年 11 月 21 日民集 22 巻 12 号 2741 頁）により、同特約を適用するためには、催告をしなくても不合理とは認められない事情が必要とされているため、かかる事情があることも要件事実になります。

ウ　弁済又はその提供の抗弁（平成 26 年司法試験）

賃料不払とされた期間の賃料が実際には支払われていたのであれば、債務不履行にはなりません。また、その弁済の提供をしたにとどまる場合でも、債務不履行によって生ずべき責任を免れます（民 492 条）。そこで、これらが抗弁となります。

➡なお、紛争類型別 114 頁は、催告後に弁済の提供をした場合のみを挙げていますが、催告前の弁済の提供であっても、もちろん抗弁になります。

第3　賃貸借契約の終了に基づく建物収去土地明渡請求訴訟

1　訴訟の概要

土地を賃貸したところ、賃借人がその土地上に建物を建築しました。その後、賃貸借が終了したため、賃貸人が原告となって、賃借人を被告として、その建物の収去と賃貸土地の明渡しを求める訴訟です。

2　訴訟物（紛争類型別99頁、平成29年司法試験）

ア　概　要

訴訟物は、賃貸借契約の終了に基づく目的物返還請求権としての建物収去土地明渡請求権です。

訴訟物

賃貸借契約の終了に基づく目的物返還請求権としての建物収去土地明渡請求権

請求の趣旨の例

被告は、原告に対し、別紙物件目録記載２の建物を収去して同目録記載１の土地を明け渡せ。

➡附帯請求の請求の趣旨は、「被告は、原告に対し、令和〇年〇月〇日から上記明渡済みまで１か月〇万円の割合による金員を支払え。」などとなります。当該土地の賃料相当損害金の支払を請求するものです。

イ　訴訟物の個数

賃借人に対し、建物の収去と、土地の明渡しを求めるのですから、訴訟物が２個あるようにも思われますが、そうではなく、訴訟物は１個です。

土地の賃借人は、賃貸借が終了すれば、当該土地を原状に復した上で返還するという１個の義務を負いますが、その中に、自己が建てた建物の収去も、当該土地の返還も、どちらも含まれているからです。

3　請求原因（一般）（紛争類型別101頁）

賃貸借契約の終了に基づく目的物の返還請求の請求原因の一般的な要件事実（上記第２の３）に、建物収去義務の発生原因が加わります。この義務は、賃借人が、目的土地の引渡しを受けた後、その上に建物を付属し、それが賃貸借終了時に存在していた場合に発生しますから、このことが要件事実となります。

請求原因

抽象的要件	要件事実の例
賃貸借契約の成立	原告は、被告に対し、令和〇年〇月〇日、Ａ土地を賃料月額〇〇万円で賃貸した
賃貸借契約に基づく目的物の引渡し	原告は、被告に対し、令和〇年〇月〇日、上記賃貸借契約に基づき、Ａ土地を引き渡した
賃貸借契約の終了原因	賃貸借の終了原因事実（下記４以下）
賃借人による建物の付属	被告は、上記引渡しを受けた後、Ａ土地上に建物を建築し、それが、賃貸借契約の終了時に存在した

賃貸借の終了原因にはいろいろなものがあります。紛争類型別第５章で説明されている期間満了、解除を、本書でも取り上げます。

４　期間満了（紛争類型別103頁）

ア　請求原因

建物収去土地明渡請求をしているのですから、当該賃貸借は建物所有を目的とするものであると考えられます。そこで、この賃貸借には借地借家法（又は旧借地法）が適用されますから、例えば、借地借家法が適用されるのであれば、賃貸期間は、30年未満の賃貸期間の合意をした場合は30年となり、30年以上の賃貸期間の合意をした場合はその約定の期間となります（借地借家３条）。この期間が満了して賃貸借が終了したとの主張です。

借地借家法による賃貸期間の満了を主張する場合、当該賃貸借契約に同法が適用されるための要件（借地借家２条）として、当該賃貸借契約において建物所有目的の合意がされたことが必要になります。

賃貸期間満了の場合の請求原因

抽象的要件	要件事実の例
賃貸借契約の成立	原告は、被告に対し、令和〇年〇月〇日、Ａ土地を賃料月額〇〇万円で賃貸した
賃貸借契約に基づく目的物の引渡し	原告は、被告に対し、令和〇年〇月〇日、上記賃貸借契約に基づき、Ａ土地を引き渡した
賃借人による建物の付属	被告は、上記引渡しを受けた後、Ａ土地上に建物を建築し、それが、賃貸借契約の終了時に存在した
建物所有目的	原告と被告は、上記賃貸借契約において、目的土地を被告が建築する予定の建物の敷地として使用することを合意した
賃貸期間の合意	原告と被告は、上記賃貸借契約において、賃貸期間を令和〇年〇月〇日までとする合意をした
賃貸期間の経過	令和〇年〇月〇日が経過した

イ　法定更新の抗弁

借地借家法所定の賃貸期間が満了した後、賃借人が土地の使用を継続した場合、土地上に建物がある場合に限り、賃貸借契約を更新したものとみなされます（借地借家５条２項）。

➡賃貸借契約が法定更新されていれば、賃貸借契約の終了に基づく請求権は発生しませんから、この抗弁は障害の抗弁となります。

土地上に建物があることは請求原因で現れていますから、この抗弁の要件事実は「賃貸期間満了後も賃借人が土地の使用を継続したこと」だけになります。

➡もっとも、賃借人による使用継続に対し賃貸人が遅滞なく異議を述べた場合は法定更新されません（ただし、賃貸人は、正当の事由がある場合でなければ異議を述べることができません）（借地借家５条２項・同条１項ただし書・６条）。そこで、賃貸人が遅滞なく異議を述べたことが再抗弁に回ります。

法定更新の抗弁

抽象的要件	要件事実の例
賃借人による賃貸期間満了後の賃借土地の使用収益の継続	被告は、令和〇年〇月〇日以降、Ａ土地の使用を継続した

5 増改築禁止特約違反による解除（紛争類型別115頁）

ア 請求原因

建物所有目的での土地賃貸借では、賃借土地上の建物の増改築を禁止し、これに違反したときは賃貸人が無催告で賃貸借契約を解除することができるとの特約がされることがあります。

この特約に違反して賃借土地上の建物が増改築されたため、賃貸人が賃貸借契約を無催告で解除したとの主張です。

増改築禁止特約違反無催告解除の場合の請求原因

抽象的要件	要件事実の例
賃貸借契約の成立	原告は、被告に対し、令和〇年〇月〇日、A土地を賃料月額〇〇万円で賃貸した
賃貸借契約に基づく目的物の引渡し	原告は、被告に対し、令和〇年〇月〇日、上記賃貸借契約に基づき、A土地を引き渡した
賃借人による建物の付属	被告は、上記引渡しを受けた後、A土地上に建物を建築し、それが、賃貸借契約の終了時に存在した
増改築禁止・無催告解除特約	原告と被告は、上記賃貸借契約において、A土地上に被告が建築する建物について、その増改築を禁止し、これに違反した場合には原告が無催告で契約を解除することができる旨の合意をした
賃借人による賃借土地上の建物の増改築	被告は、令和〇年〇月〇日、A土地上に建築した建物に3階部分を増築した
解除の意思表示	原告は、被告に対し、令和〇年〇月〇日、上記賃貸借契約を解除するとの意思表示をした

イ 承諾の抗弁

建物の増改築を賃貸人が承諾していたのであれば、「無断」増改築ではありませんから特約違反はありません。承諾があったことは抗弁に回ります。

➡この承諾があれば、解除が無効となり、賃貸借契約が終了しませんから、賃貸借契約終了に基づく請求権の発生を障害するものとして、障害の抗弁になります。

コラム　5

新問研の要件事実

1　新問研の５頁に､｢要件事実とは､一定の効果（権利の発生､障害､消滅､阻止）を発生させる法律要件に該当する具体的事実のことである。｣との記載があります。

この記載は､あたかも､従来「主要事実」と呼ばれてきたもののことを「要件事実」と呼んでいるようにも思われます。

2　ところが、新問研は、読み進めていくうちに、本来の意味の要件事実、すなわち、裁判所が、当事者の陳述書面の中から摘示した具体的事実という意味で、「要件事実」という用語を用いていることが明らかになってきます。

例えば､新問研の各設問の最後にある「事実記載例」は、中身はもちろん、その体裁まで、判決書の「当事者の主張」欄そのものです。

また、新問研の63頁では、主張の「摘示」という言葉が現れます。当事者の陳述書面から要件事実を抽出して判決書の「当事者の主張」欄に記載するという意味で、「摘示」という言葉を用いているのです。

以下､コラム３で取り上げた主張の摘示のルールごとに見ていきましょう。

3　過剰主張

新問研92頁では、Ｙがした「ＡＹ間の売買契約の締結」の主張について、その主張が「意味を持つか」否かの検討をしています。そして、「意味を持たない」との結論になったため､新問研94頁の「事実記載例」の抗弁欄では、この主張を「摘示」していません。

この主張は、当該攻撃防御方法による法律効果が生ずるのに必要最小限の事実ではないにもかかわらず、司法修習生が「要件事実」として摘示することが多かったものです。

そこで、新問研では、この事実を判決書の「当事者の主張」欄に摘示することがないよう、注意喚起のために、この主張を取り上げているのです。

4　黙示的主張

黙示的主張の理論とは、当事者の陳述書面において黙示的にされていると認められる主張を、判決書の「当事者の主張」欄に摘示するか否かという場面でのみ必要となる理論であり、それ以外の場面、例えば、訴状を作成するような場面では、およそ考える必要がないものです。

新問研106頁では､｢甲土地の登記名義が平成13年６月１日当時Ｙであった」という主張が、明示的にはされていないものの、黙示的にされているとみることができるか否かについて検討しています。

5 概括的主張

瑕疵、占有などといった抽象度の高い事実要件に該当する事実については、①当事者が、どの程度細かく主張すべきかという問題と、②当事者が主張した事実について、判決書の「当事者の主張」欄にどの程度細かく摘示すべきかという問題を分けて考える必要があります。

新問研53頁では、当事者が、「占有」に該当する事実を、「Yが勝手に甲土地全体を駐車場として常時使用して占有しています」と具体的に主張していますが、相手方がこれを争っていないことから、64頁では、所持の態様を具体的に「摘示」するまでの必要はないとし、65頁では、単に、「Yは甲土地を占有している」と摘示しています。新問研138頁も同じです。

新問研では、主張の具体化の問題を、上記の①の問題ではなく②の問題として説明しているのです。

6 このように、新問研は、5頁では、要件事実＝主要事実であるかのように、要件事実の定義付けをしていますが、実際には、本来の意味における要件事実について説明しています。

そのため、新問研は、「要件事実の神様」と呼ばれている伊藤滋夫元司法研修所民事裁判教官から、いかなる要件事実論に基づいているのか全くわからないという根本的な批判がされているのです（法律時報84巻1号89頁）。

第6章

動産引渡し

第1 概 要

(1) 紛争類型別の第6章では、所有権に基づく動産引渡請求が扱われています。

この章では、そのほかに、附帯請求である賃料相当損害金請求と、執行不奏功の場合の代償請求も扱われていますが、このうち、附帯請求については、本書では取り扱いません。

(2) 動産引渡請求訴訟では、強制執行が不奏功に終わることに備えて、代償請求が併合提起されることがよくあります。この請求は、司法試験・予備試験に出題される可能性が高くはないため、簡単な説明にとどめます。

第2 所有権に基づく動産引渡請求訴訟

1　訴訟の概要

動産の占有が不法に奪われている場合に、動産の所有者が原告となり、占有者を被告として、その動産の引渡しを請求する訴訟です。

2　訴訟物（紛争類型別119頁、新問研132頁、平成29年予備試験、平成27年・平成21年司法試験）

訴訟物は、第3章で扱った所有権に基づく土地明渡請求と同じであり、現在（＝口頭弁論終結日）に発生した返還請求権です。

土地の場合は「明渡し」を求めましたが、動産の場合は「引渡し」を求めます。

➡明渡しとは、引渡しの一態様であり、立ち退き又は引き払うことによって、不動産の完全な直接支配を得させることをいいます。例えば、土地であれば、その上にある障害物などを片付けた上きれいに整地して交付するのが「明渡し」であり、そのようなことをせずに現状のまま交付するのが「引渡し」です。土地の場合、所有権の完全な回復を求めるには「明渡し」までさせる必要がありますが、動産の場合、その上にあるものを片付けるようなことは観念できないため「引渡し」で足ります。

訴訟物

所有権に基づく返還請求権としての動産引渡請求権（ただし口頭弁論終結日に発生したもの）

請求の趣旨の例

被告は、原告に対し、別紙目録記載のパソコンを引き渡せ。

3　請求原因（紛争類型別120頁、新問研132頁、平成29年予備試験、平成27年・平成21年司法試験）

請求原因も、第3章で扱った所有権に基づく土地の明渡請求と異なるところはありません。

請求原因の例（原告のもと所有に争いがない場合）

抽象的要件	要件事実の例
原告　物の過去の所有	原告は、令和〇年〇月〇日、Aパソコンを所有していた
被告　物の現在の占有	被告は、Aパソコンを占有している

4　抗　弁

ア　被告が原告の過去の所有を認める場合の抗弁──所有権喪失の抗弁

(紛争類型別123頁)

a　概　要

原告が過去に当該動産を所有していたことは認めるが、原告は、その後、当該動産を第三者に譲渡するなどして、その所有権を喪失したから、現在は、原告は所有者ではないという主張です。

原告が所有権を喪失していれば、現在の返還請求権は発生しませんから、この抗弁は、障害の抗弁となります。

所有権の喪失原因には、原告が当該物を他の者に承継取得させた場合（当該物を第三者に贈与したなど）と、原告以外の者が当該物を即時取得した場合があります。

b　承継取得による所有権喪失その1──代物弁済契約の成立

代物弁済契約とは、債務の弁済に代えて物の所有権を移転する合意のことであり、判例によると、この契約が成立した時点で当該物の所有権は移転しますが（最一小判昭和40年3月11日裁判集民事78号259頁、最二小判昭和57年6月4日裁判集民事136号39頁）、弁済の効力は対抗要件（動産であれば引渡し）を具備した時点で発生します（最一小判昭和39年11月26日民集18巻9号1984頁）。

原告が当該動産をもって代物弁済をしたとすると、その代物弁済契約が成立をした時点で原告は当該動産の所有権を喪失したことになりますから、この場合の所有権喪失の抗弁の要件事実は、本来債務の発生原因と、その債務につき当該動産をもって代物弁済をすることの合意をしたこととなります。

所有権喪失（代物弁済の合意）の抗弁

抽象的要件	要件事実の例
本来債務の発生原因	甲は、原告に対し、令和○年○月○日、B自動車を代金50万円で売った
代物弁済契約の成立	原告と甲は、令和○年○月○日、上記代金債務の弁済に代えて、Aパソコンの所有権を原告から甲に移転することを合意した

c　承継取得による所有権喪失その2──売買

➡以下の内容は、司法試験・予備試験のレベルを超えており、出題可能性は低いと思われます。

原告が、当該動産を第三者に売ったとすると、これにより原告は当該動産の所有権を喪失しますから、このことが所有権喪失の抗弁となります。

原告がこの第三者との売買契約を解除すれば、そのことが再抗弁になります。

それでは、この解除がされた後に、被告が当該第三者から当該動産を譲り受けたら、どうなるでしょうか。

➡被告が、いわゆる「解除後の第三者」に当たる場合です。原告と被告は対抗関係に立ちます（最三小判昭和35年11月29日民集14巻13号2869頁）。

原告と対抗関係に立つ被告は、以下の二つの主張ができます。

一つは、自己が「第三者」に当たるとして、解除による原告への所有権復帰を争うことです（「原告が対抗要件を具備するまでは、解除による原告への所有権復帰は認めない」という権利主張をする「対抗要件の抗弁」）。

もう一つは、自己の所有権取得を「第三者」である原告に対して主張することです（被告が対抗要件を具備したことで被告が優先的に所有権を取得した（＝原告が所有権を喪失した）と主張する「対抗要件具備による所有権喪失の抗弁」）。

➡なお、「被告が対抗要件を具備したこと」は、解除の効力を無効とするものではありませんから、解除の再抗弁に対する再々抗弁にはなりません。解除は有効のままであり、これによって、原告へ所有権復帰するのですが、そのことと、被告への所有権移転が、対抗関係となり、被告がこれに優先することで、原告の所有権が喪失するのです。そこで、この主張は、当初の所有権喪失の抗弁とは別個の「被告の対抗要件具備による原告の所有権喪失の抗弁」となります。

d　即時取得による所有権喪失（平成27年・平成21年司法試験、即時取得につき平成29年予備試験）

原告以外の者が当該動産を即時取得すると、それにより、原告は当該動産の所有権を喪失します。

即時取得の実体要件は、「取引行為によって、平穏に、かつ、公然と動産の占有を始めた者が、善意であり、かつ、過失がない」ことです（民192条）が、このうち主張が必要となるのは、「取引行為によって動産の占有を始めたこと」だけです。

平穏、公然、善意は、占有の事実から推定されます（民法186条1項「占有者は、所有の意思をもって、善意で、平穏に、かつ、公然と占有をするものと推定する。」）から、主張する必要がありません（これらの不存在が抗弁に回ります）（最三小判昭和54年7月31日裁判集民事127号315頁）。

また、無過失は、前主の占有の事実から推定されます（最一小判昭和41年

6月9日民集20巻5号1011頁）から、同様に主張が不要です。

そこで、残された要件である「取引行為によって動産の占有を始めたこと」のみを主張すれば足りるということになりますが、これは、当該動産を目的とする売買等の取引行為がされ、それに基づいて引渡しを受けたことにより当該動産の占有を始めたということですから、「売買等の取引行為がされたこと」と「その取引行為に基づいて当該動産の引渡しを受けたこと」に分けることができます。

➡この、「取引行為に基づいて引渡しを受けた」という事実の中に、前主が当該物を占有していた事実が含まれており、その事実から、即時取得者の無過失が推定されます。

所有権喪失（即時取得）の抗弁

抽象的要件	要件事実の例
取引行為がされたこと	甲は、乙に対し、令和○年○月○日、Aパソコンを代金30万円で売った
上記取引行為に基づいて当該動産の引渡しを受けたこと	乙は、令和○年○月○日、上記売買契約に基づいて、甲からAパソコンの引渡しを受けた

請求原因において推定された事実（平穏、公然、善意、無過失）は、その不存在が抗弁に回ります。例えば、占有の事実から善意と推定されています（民186条1項）が、実際には善意ではない（＝悪意）である場合、悪意の再抗弁を提出することができます。

紛争類型別では、善意の不存在（＝悪意）の再抗弁、無過失の不存在（＝過失）の再抗弁を取り上げています。

悪意の再抗弁

抽象的要件	要件事実の例
占有取得時の悪意	乙は、Aパソコンの引渡しを受けた時、甲がAパソコンの所有者であるとは信じていなかった

即時取得の実体要件である善意の反対事実である悪意です。

法文（民192条）上、「占有を始めた者の善意」とされているため、基準時は占有開始時となります。

また、善意とは、占有取得者が、取引行為の相手がその動産の所有者であると誤信したことをいいます（最一小判昭和41年6月9日民集20巻5号1011

頁、最三小判昭和26年11月27日民集5巻13号775頁）から、悪意とは、占有取得者が、取引行為の相手がその動産の所有者であるとは信じていなかったことをいいます。

過失の再抗弁

抽象的要件	評価根拠事実の例
占有取得時の過失	乙は、Ａパソコンの引渡しを受けた際、そのパソコンに、甲以外の者の名前が書かれていたことを見落とした

即時取得の実体要件である無過失の反対事実である過失です。

法文（民192条）上、「占有を始めた者の無過失」とされているため、基準時は占有開始時となります。

また、無過失とは、占有取得者が取引行為の相手がその動産の所有者であると信じたことについて過失がなかったことをいいます（前掲最一小判昭和41年6月9日、前掲最三小判昭和26年11月27日）から、過失とは、占有取得者が取引行為の相手がその動産の所有者であると信じたことについて過失があったことをいいます。

即時取得における過失は、取引行為の相手に何か不審な点がなかったか否か（その動産の所有者であることに疑念を抱かせる事情の有無）、もし不審な点があったとしたら、その点について調査確認をしたか否かという２点を中心に判断されます。不審な点があったのに（調査確認義務の発生）、何も調査も確認もせずに（調査確認義務の懈怠）、漫然と、取引相手がその動産の所有者であると信じたのであれば、過失があるといわれても仕方がないところです。

➡過失は規範的要件ですから、原告が「過失と評価される事実」を主張立証し、被告が「過失と評価されることを障害する事実」を主張立証し、裁判所は、これら全ての事実を総合して、過失があったと認定します（又は過失があったとは認定できなかったとの判断を示します）。

イ　被告が原告の前主の所有を認める場合の抗弁（紛争類型別128頁、平成29年予備試験、平成27年司法試験）

第３章の不動産明渡訴訟において、原告と被告が二重譲渡の譲受人同士になる場合、被告は、「対抗要件の抗弁」と「対抗要件具備による所有権喪失の抗弁」の二つの抗弁を提出することができましたが、そのことは、動産引渡請求訴訟でも同じです。

不動産明渡請求訴訟と異なる点は、次の二つです。

一つは、対抗要件が、不動産の場合は登記でしたが、動産の場合は引渡し（民178条）になるということです。

もう一つは、動産の場合は、原告と被告の双方が対抗要件を具備することがあり（占有改定による引渡しの場合）、その場合、対抗要件具備による所有権喪失の抗弁（被告が対抗要件を具備したことで原告が所有権を失ったとの主張）に対し、原告も対抗要件を具備したことが再抗弁になり得ることです。

第3 代償請求

1 概　要

動産引渡請求訴訟の確定勝訴判決を得て強制執行をしようとしたところ、その動産が隠匿されたなどで執行が不奏功に終わることがあります。この場合、その動産の時価相当額の金員の支払請求（代償請求）ができるとされており（民執31条2項参照）、しかも、この請求は、あらかじめ、当該動産引渡請求と併合提起しておくことができるとされています（最二小判昭和30年1月21日民集9巻1号22頁）。

動産引渡請求と併合提起された代償請求は、請求権が将来発生するものですから、いわゆる将来請求（民訴135条。将来発生する請求権をあらかじめ行使するもの）となります。

➡現在請求である動産引渡請求と将来請求である代償請求は時点を異にするため両立する関係にあり、それ故、両請求の併合形態は単純併合になると解されています。

2 訴訟物（紛争類型別120頁）

代償請求は、動産引渡請求訴訟の勝訴判決に基づく強制執行が功を奏さない場合に、そのことによる損害の賠償として、当該動産の時価相当額の金員の支払を求めるものであり、その法的性質は、不法行為に基づく損害賠償請求権であると考えられています。

➡「時価」は、執行が不奏功になった時点での時価のはずですが、将来のことはわからないため、口頭弁論終結日における時価でよいとされています（前掲最二小判昭和30年1月21日）。

訴訟物

不法行為に基づく損害賠償請求権

請求の趣旨の例（2項が代償請求。1項は動産引渡請求）

1　被告は、原告に対し、別紙目録記載のパソコンを引き渡せ。
2　被告は、原告に対し、前項の執行が功を奏さないときは、100万円を支払え。

3 請求原因（紛争類型別122頁）

不法行為に基づく損害賠償請求権の発生要件は、故意又は過失、権利（又は法律上保護される利益）の侵害、損害の発生及び損害額、因果関係の四つです（民709条参照）。

代償請求の場合、損害額の主張として当該動産の時価の主張が必要となりますが、その余の要件は当然に充足されていると解されています。

➡執行が不奏功に終わったことで「権利侵害」及び「損害の発生」があり、それは、少なくとも、敗訴者である被告の「過失」に基づくものと解されるからです。この権利侵害と損害の発生との「因果関係」があることも明らかです。

請求原因

抽象的要件	要件事実の例
口頭弁論終結日における当該動産の価額	Aパソコンの価額は100万円である

コラム　6

判決書作成のテクニックを教える新問研

1　新問研が、判決書の「当事者の主張」欄の作成の手引書であることが端的に現れている箇所があります。それが、新問研109頁です。

2　新問研109頁の事例では、請求原因においてXの所有が要件事実となります。Xの現在の所有に争いがないため、請求原因ではXの現在の所有を主張すれば足りるケースです。

次に、この事例では、抗弁において、Xの過去の所有が要件事実となります。Xの過去の所有についても争いがありません。

そこで、この事例では、請求原因ではXの現在の所有を摘示し、抗弁ではXの過去の所有を摘示するのが原則です。

3　しかしながら、裁判官が判決を書く場合、どうせ、抗弁でXの過去の所有が出てくるのであれば、請求原因段階でXの過去の所有を摘示したくなります。

判決書の「当事者の主張」欄の「請求原因」欄に、Xの過去の所有を摘示し、被告の「認める」との認否を摘示しておけば、Xの過去の所有が確定し、その所有権は現在まで存続していると扱われますから、請求原因は、これで問題がありません。

そして、抗弁は、請求原因を前提としますから、抗弁において、Xの過去の所有の主張を摘示する必要はありません。

このテクニックを使えば、判決書の「当事者の主張」欄において、Xの所有の主張を請求原因と抗弁の双方に摘示せずに、請求原因の摘示だけで済ませることができるのです。

そして、新問研109頁は、まさに、このテクニックに従っているのです。

4 実は、平成25年の司法試験予備試験論文式試験「法律実務基礎科目（民事）」の問題も、同じ構造になっています。その設問1では、Xの現在の所有について当事者間に争いがないにもかかわらず、請求原因では、Xの現在の所有を要件事実とせずに、「その前主であるAの過去における所有」及び「AからXへの所有権移転原因事実」を要件事実にしています。その後に現れる抗弁において「Aの過去における所有」が要件事実になることから、設問を読み易くするために、これを請求原因で先取りしているのです。

5 しかしながら、新問研が、あくまでも初学者向けの書籍であることからすると、判決書の「当事者の主張」欄の作成のテクニックといった実務的な裏技を掲載することには、大変な疑問を感じます。

しかも、新問研112頁は、あたかも、請求原因に、「Xの現在の所有を摘示する」見解と、「Xの過去の所有を摘示する」見解があって、これらが対立しているかのような記載をしていますが、このような見解の対立は世の中にはありません。後者は判決書作成のテクニックにすぎないからです。初学者向けの書籍であるから不正確な記載をしても誰もわからないであろうという発想はあまり感心できません。

第7章

譲受債権

第1 概 要

紛争類型別の第７章では、債権を譲り受けた者がその債権を行使する訴訟が扱われています。

また、その後半では、その債権が二重譲渡された場合に特有の抗弁が現れます。

➡もっとも、司法試験で、債権の二重譲渡の要件事実が出題されたのは、平成 18 年の第 1 回新司法試験においてのみであり、その後は一度も出題されていません。現在の司法試験・予備試験のレベルからすると、債権の二重譲渡の出題可能性は低いと思われます（他方、二重譲渡ではない単純な債権譲渡の要件事実は、頻出論点の一つです）。

第2 譲受債権請求訴訟（一般）

1　訴訟の概要

債権を譲り受けた者が原告となり、債務者を被告として、その債務の履行を求める訴訟です。

以下、売買代金支払請求権の譲渡があったものとし、譲渡人を甲とします。原告が、甲から譲り受けた売買代金支払請求権を行使し、債務者を被告として訴訟を提起しているものです。

2　訴訟物（紛争類型別135頁、平成23年予備試験、平成28年・平成19年司法試験）

甲・被告間の売買契約に基づいて発生した甲の被告に対する売買代金支払請求権を、原告が譲り受けたことで、原告の被告に対する請求権になったものですから、訴訟物は、甲・被告間の売買契約に基づく売買代金支払請求権となります。

訴訟物の例

甲・被告間の売買契約に基づく売買代金支払請求権

請求の趣旨の例

被告は、原告に対し、100 万円を支払え。

3　請求原因（紛争類型別136頁、平成31年・平成23年予備試験、令和２年・平成28年・平成18年司法試験）

債権譲渡人の下で発生した請求権が原告に移転したことで原告自身の請求権（原告の被告に対する請求権）が発生したのですから、請求原因では、以下の主張が必要となります。

①　債権譲渡人の下での請求権の発生原因

②　①の請求権の原告への移転原因

請求原因

抽象的要件	要件事実の例
当該請求権の発生原因	甲は、被告に対し、令和○年○月○日、Aパソコンを30万円で売った（以下「請求原因1」といい、これに基づく代金債務を「本件債務」という）
当該請求権の原告への移転原因	甲は、原告に対し、令和○年○月○日、上記売買代金債権を20万円で売った（以下「請求原因2」という）

4 譲渡制限特約に関する抗弁（紛争類型別137頁、平成31年予備試験）

ア 概 要

債権譲渡を制限する特約のある債権であっても、有効に譲渡することができます（民466条2項）。

しかし、債務者は、下記イ以下の抗弁を提出できる場合があります。

イ 譲渡制限特約による履行拒絶の抗弁

a 概 要

譲受人が、譲渡制限特約につき悪意又は重過失である場合、債務者は、譲受人に対する債務の履行を拒むことができます（民466条3項）。

➡もっとも、当該債権が預貯金債権である場合は別の規律があります（民466条の5第1項）。

この抗弁は、権利抗弁であり、債務の履行を拒絶する意思の表明が必要と考えられています。

譲渡制限特約による履行拒絶の抗弁

抽象的要件	要件事実の例
当該債権につき譲渡制限特約の成立	被告は、甲との間で、請求原因1の契約を締結する際、その代金債権の譲渡を禁止するとの合意をした
譲受人の悪意又は重過失	原告は、請求原因2の際、上記譲渡制限の合意を知っていた
履行を拒絶する意思の表明	被告は、原告に対し、本件債務の履行を拒絶する

b 履行催告の再抗弁

債務者が債務を履行しない場合、譲受人は、債務者に対し、相当の期間を定めて、譲渡人への履行の催告をすることができ、その期間内に履行がなかった場合、債務者は、上記の履行拒絶権を失う（民466条4項）ため、これが再抗弁となります。

履行催告の再抗弁

抽象的要件	要件事実の例
譲渡人への履行の催告	原告は、被告に対し、令和〇年〇月〇日、甲に対し本件債務を履行するよう催告した
相当期間の経過	令和〇年〇月〇日が経過した

c　承諾の再抗弁

債務者が当該債権譲渡を承諾した場合、本抗弁を放棄したものと解され、その後は、本抗弁を提出することができなくなりますから、この承諾をしたことが再抗弁となります。

ウ　譲渡人に対する弁済の抗弁

a　概　要

譲受人が、譲渡制限特約につき悪意又は重過失である場合、債務者は、譲受人に対し、譲渡人に対する弁済その他の債務を消滅させる事由をもって対抗することができます（民466条3項）。

譲渡人に対する弁済の抗弁

抽象的要件	要件事実の例
当該債権につき譲渡制限特約の成立	被告は、甲との間で、請求原因1の契約を締結する際、その代金債権の譲渡を禁止するとの合意をした
譲受人の悪意又は重過失	原告は、請求原因2の際、上記譲渡制限の合意を知っていた
被告の譲渡人に対する弁済	被告は、甲に対し、令和〇年〇月〇日、本件債務の弁済として、〇〇万円を支払った

b　先立つ履行催告の再抗弁

上記イｂの催告をし、それから相当期間が経過した後になされた、譲渡人に対する弁済等は、譲受人に対抗することができません（民468条2項）。そこで、上記ａの弁済よりも前に、この相当期間が経過したことが再抗弁になります。

エ　供託の抗弁

債務者は、譲渡制限特約のある金銭債権が譲渡がされたときは、その債権の全額に相当する金銭を債務の履行地の供託所に供託することができ（民466条の2）、これにより債務は消滅します。

そこで、このことが消滅の抗弁となります。

供託の抗弁

抽象的要件	要件事実の例
当該債権につき譲渡制限特約の成立	被告は、甲との間で、請求原因1の契約を締結する際、その代金債権の譲渡を禁止するとの合意をした
当該債権に係る被告による供託	被告は、令和〇年〇月〇日、〇〇法務局に、供託番号同年度金第〇号をもって、〇万円を本件債務の弁済のため供託した

5　債務者対抗要件の抗弁（紛争類型別140頁）

ア　概　要

債権の譲受人は、債務者対抗要件（債権譲渡人による債務者への通知、又は、債務者の承諾）を具備しない限り、当該債権譲渡を債務者に対抗できません（民467条2項）。

そこで、司法研修所民事裁判教官室は、債務者がその旨を権利抗弁として主張することができると考えています。

➡もっとも、民法467条2項が権利抗弁を定めたものであるとは解されませんし、また、司法研修所民事裁判教官室は、物権変動とパラレルに考えて上記結論を導いているところ（紛争類型別140頁）、物権変動と債権譲渡は状況が異なることから、パラレルに考えることが理論的であるともいえません。

また、司法研修所民事裁判教官室は、この抗弁を阻止の抗弁と理解しています。

➡原告自身の債権になったことは認めるが、債務者対抗要件を具備しない限り、それを行使することはできないと主張して、その行使を阻止するものと考えるのです。しかしながら、債権譲受人は、債務者対抗要件を具備しなければ、自分自身の債権になったこと自体を債務者に主張できないのですから、債権の取得を障害するものとして、障害の抗弁と解すべきです。

イ　要件事実

司法研修所民事裁判教官室は、この抗弁が権利抗弁であり、「債務者対抗要件を具備しない限り原告が債権者であるとは認めない」との意思の表明をするものであると解しています。

債務者対抗要件の抗弁

抽象的要件等	意思の表明の例
債務者対抗要件の抗弁を行使する意思の表明	「被告は、原告への債権譲渡につき、甲が譲渡の通知をし、又は、被告が承諾しない限り、原告が上記債権の債権者であるとは認めない」

ウ　債務者対抗要件具備の再抗弁

原告が債務者対抗要件（通知又は承諾）を具備すれば、被告は、もはや、請求権の行使を阻止することができませんから、この抗弁は、債務者対抗要件の抗弁による法律効果（請求権の行使の阻止）を障害するものとして、障害の抗弁となります。

なお、承諾は、債権の譲渡人又は譲受人のいずれかに対してすれば足り（最二小判昭和49年7月5日裁判集民事112号177頁）、また、債権譲渡が行われる前にすることもできます（最二小判昭和28年5月29日民集7巻5号608頁）。

債務者対抗要件具備の再抗弁

抽象的要件	要件事実の例
原告が債務者対抗要件を具備したこと	甲は、被告に対し、令和〇年〇月〇日、原告への債権譲渡を通知した

➡この場合の通知承諾は観念の通知にすぎないとされているので、要件事実は、「承諾の意思表示をした」などと記載せず、単に、「承諾した」などと記載します。

6　譲渡人について生じた事由の抗弁（紛争類型別142頁、令和2年司法試験）

ア　概　要

債権譲渡がされたが、債務者への通知がされなかったため、債権譲渡を知らない債務者が、債権譲渡人に対し、債務の弁済をしたり、契約解除の意思表示をするなどした場合、債務者は、そのことを債権譲受人に対しても主張することができます。

このように、債務者は、債務者対抗要件が具備されるよりも前に債権譲渡人との関係で生じた事由を債権譲受人に対しても主張することができます（民468条1項）。

➡なお、「譲渡人について生じた事由」が債権譲渡後の弁済や契約解除である場合、こ

れにより請求権が消滅しますから、消滅の抗弁となります。

イ　要件事実

債務者対抗要件が具備されるよりも前に債権譲渡人に弁済等をしたことが実体要件ですが、このうち、「債務者対抗要件が具備されるよりも前に」の部分については、その立証責任を債務者に負わせると、立証に失敗して二重払いをするリスクがあることから、立証責任を転換し、その反対事実（債権譲渡人に弁済等をするよりも前に債務者対抗要件が具備されたこと）が再抗弁に回るとされています。

そこで、本抗弁は、残りの部分である「債権譲渡人に弁済等をしたこと」の主張で足ります。

譲渡人について生じた事由の抗弁

抽象的要件	要件事実の例
債権譲渡人について生じた事由	被告は、甲に対し、令和○年○月○日、本件債務の履行として､30万円を支払った

ウ　先立つ債務者対抗要件具備の再抗弁

上記イのとおり、債権譲渡人に弁済等をするよりも前に債務者対抗要件が具備されたことが再抗弁となります。

債務者対抗要件が具備されたのですから、債務者は、その後は、債権譲受人に対して弁済等をすべきであるところ、それにもかかわらず債権譲渡人に対してした弁済等は無効であるという主張です。

➡上記抗弁による法律効果（請求権の消滅・障害）の発生を障害するものですから、障害の再抗弁となります。

先立つ債務者対抗要件具備の再抗弁

抽象的要件	要件事実の例
当該事由に先立って債権譲受人が債務者対抗要件を具備	甲は､被告に対し､令和○年○月○日（＝当該弁済等よりも前の日)、原告への債権譲渡を通知した

エ　抗弁の放棄の再抗弁

債権譲渡がされた場合、債務者は、民法468条１項に基づく抗弁を放棄することができると解されています。そこで、この放棄をしたことが再抗弁となります。

抗弁の放棄の再抗弁

抽象的要件	要件事実の例
抗弁を放棄するとの意思表示	被告は、原告に対し、令和〇年〇月〇日、上記の弁済の抗弁を放棄する旨の意思表示をした

第3 譲受債権請求訴訟（債権が二重譲渡された場合）

➡以下の記述は司法試験・予備試験での出題可能性は低いと思われます。

1 概　要

(1) 原告が譲り受けた債権が他の者にも譲渡されていた場合に特有の抗弁を取り扱うものです。

以下、甲が、債権を、原告と乙に二重譲渡したものとして説明をします。

(2) 訴訟物及び請求原因は、従前と同様であり、甲から債権を譲り受けた原告が、債務者に対し、その履行を求めているものとします。

2 債権喪失の抗弁（紛争類型別146頁、平成18年司法試験）

ア 概　要

債権の二重譲受人同士では、第三者対抗要件（確定日付のある通知又は承諾）を具備した方が優先します（民467条2項）。

そこで、当該債権を譲り受けた乙が第三者対抗要件を具備すれば、乙が原告に優先し（その結果、原告は債権を失う又はその取得が障害される）、その優先の効果は債務者にも及ぶため、債務者は、このことを抗弁（原告の請求権の消滅又は障害の抗弁）とすることができます。

イ 要件事実

当該債権が第三者にも譲渡され、その第三者が第三者対抗要件を具備したことの主張が必要になります。

第三者対抗要件とは、確定日付のある通知又は承諾がされたことであり、例えば、内容証明郵便による通知がこれに当たります。

債権喪失の抗弁

抽象的要件	要件事実の例
原告以外の者への当該債権の移転原因	甲は、乙に対し、令和〇年〇月〇日、本件売買代金債権を〇万円で売った
上記の者が第三者対抗要件を具備したこと	甲は、被告に対し、令和〇年〇月〇日に到達した内容証明郵便で、上記債権譲渡を通知した

ウ 再抗弁以下

第三者と原告が共に第三者対抗要件を具備した場合、原告は、自己も第三者対抗要件を具備したことを再抗弁とすることができ、これに対し、被告は、第三者の方が「先に」第三者対抗要件を具備したことを再々抗弁とすることができます。

➡確定日付のある通知が先に到達した方が優先するというのが判例です（いわゆる到達時説。最一小判昭和49年3月7日民集28巻2号174頁）。

➡債権喪失の抗弁は、「優先する第三者がいること」を理由として被告が原告の請求を拒むものですから、再抗弁以下でも、被告の方で第三者の優先を主張する必要があります。そこで、原告の優先は原告の再抗弁の要件事実にならず、第三者の優先が被告の再々抗弁になります。もっとも、抗弁及び再抗弁において、通知の到達日を主張するのが通例です（上記記載例の「要件事実の例」参照）から、どちらが先に到達したか再抗弁段階で判明してしまうのが通常です。

➡なお、紛争類型別135頁以下は、再抗弁及び再々抗弁が上記のような構造になる根拠を判例（最三小判昭和55年1月11日民集34巻1号42頁、最三小判平成5年3月30日民集47巻4号3334頁）に求めますが、これらの判例によっても上記の構造は明らかになりませんから、これらの判例を正解していないというほかありません。

3　第三者対抗要件の抗弁（紛争類型別143頁）

この抗弁は、紛争類型別の初版が発売された頃の司法研修所民事裁判教官室が思いついたものですが、その後、実務や学説の賛同を得られたとはいい難く、司法試験・予備試験に出題されるとも思われませんので、説明を省略します。

➡この見解では、債務者対抗要件のみを具備した債権譲渡人が複数現れたら、債務者はその誰にも弁済しなくてよくなってしまいます。

4　他の譲受人への弁済の抗弁（紛争類型別149頁、平成18年司法試験）

ア　概　要

債権が原告以外の者にも譲渡され、債務者がその者に弁済した場合です。

優先する債権譲受人に弁済すれば、債権の消滅の効果が発生します（大判大正8年3月28日民録25輯441頁）が、その者が優先していることの立証責任を債務者に負わせるのでは、立証に失敗して二重払いをするリスクが生じますから、債務者は、この立証責任を負わず、単に、他の債権譲受人に弁済したことだけを主張立証すれば足りるとされています。

そこで、この抗弁では、以下の主張をすれば足ります。

①　当該債権が第三者にも譲渡されたこと

②　被告が①の第三者に弁済したこと

他の譲受人への弁済の抗弁

抽象的要件	要件事実の例
原告以外の者への当該債権の移転原因	甲は、乙に対し、令和○年○月○日、本件売買代金債権を○万円で売った
上記の者に対する弁済	被告は、乙に対し、令和○年○月○日、本件債務の弁済として100万円を支払った

イ　再抗弁以下

上記アのとおり、自己が優先していることの立証責任を債権者が負います。

そこで、原告は、自己が第三者対抗要件を具備したことを再抗弁とすることができます。

➡なお、第三者と原告が共に第三者対抗要件を具備した場合は、被告が「当該第三者が第三者対抗要件を具備したこと」の再々抗弁を提出し、これに対し、原告が「原告の方が「先」に第三者対抗要件具備したこと」の再々々抗弁を提出します。このような構造になるのは、本抗弁は、上記２の債権喪失の抗弁とは逆で、原告の方で原告の優先を立証する必要があるからです。

5　表見受領権者に対する弁済の抗弁（紛争類型別151頁）

ア　概　要

債務者が、劣後する債権譲受人に弁済した場合であっても、その債権譲受人が、優先する債権譲受人であるかのような外観を有していたのであれば、表見受領権者に対する弁済（民478条）として、請求権の消滅の効果が発生することがあります（最二小判昭和61年4月11日民集40巻3号558頁参照）。そこで、これが消滅の抗弁となります。

イ　要件事実

表見受領権者に対する弁済の実体要件は、表見受領権者に対して弁済をしたこと、弁済をした者が善意であり、かつ、過失がなかったことです（民478条）。

そこで、これらに該当する事実を主張する必要があります。

➡過失がなかったといえるためには、劣後譲受人を真の債権者であると信ずるにつき相当な理由があることが必要とされています（前掲最二小判昭和61年4月11日）。

➡無過失は規範的要件ですから、被告が「無過失と評価される事実」を主張立証し、原告が「無過失と評価されることを障害する事実」を主張立証し、裁判所は、これら全ての事実を総合して、無過失であったと認定します（又は無過失とは認定できなかったとの判断を示します）。

コラム　7

第３の要件事実

1　我が国の法律関係の学界と実務界との間にはものすごく深い溝があると、内田貴東大名誉教授がおっしゃられています（弁護士ドットコムタイムズ 31 号 34 頁）。

法学者が、要件事実などの実務上のスキルに興味を示すことは、これまでほとんどなかったのです。

ところが、ロースクールにおいて「要件事実教育」が行われることになったことから、学者が一時的に要件事実に興味を示したことがありました。

2　しかし、民事訴訟法学者は、すぐに、要件事実から興味を失いました。主要事実を要件事実と呼び換える必要性を全く感じませんでしたし、得体の知れない要件事実なるものは、単なる実務のスキルにすぎず、高尚な学術的対象とは思えかったのです。

高橋宏志教授は、「要件事実論が一つの民法学だということが強調された時代がありましたが、最近、要件事実論は単なる技術だという見解が強くなっています」などと述べるようになり（新堂ほか・実務民事訴訟講座（第３期）５巻５頁（日本評論社））、また、新堂幸司教授は、要件事実論が、規範的要件の評価根拠事実を請求原因とし評価障害事実を抗弁とすることについて、「ちょっとついていけませんね」（同書９頁）と、やんわりと全否定されました。

3　他方、民法学者は、民法の実体要件を主張立証責任の所在ごとに整理するツールとして、要件事実に一定の価値を見い出すようになりました。特に京都大学法科大学院の民法の教授らは、競うように、民法の教科書に要件事実の説明を載せました。

そして、その過程で、司法研修所民事裁判教官室の見解について、実体上の理解の誤りがいくつも指摘されました。例えば、司法研修所民事裁判教官室が「民事訴訟における要件事実第１巻」110 頁で説明していた民法 118 条の要件事実は、実体法の理解が完全に誤っていたことが、山本敬三教授によって明らかにされました（山本敬三・民法講義Ⅰ（第３版）379 頁（有斐閣））。

司法研修所民事裁判教官室の自慢の看板理論である「貸借型理論」や「対抗要件の権利抗弁説」も、学者からの集中砲火を浴びました。

そのため、司法研修所民事裁判教官室は、平成 23 年に、新問研において、貸借型理論を撤回し、また、対抗要件の権利抗弁説等の過去の見解についても、数ある見解の中の一つにすぎず、絶対的なものではないとの説明をするようになりました。新問研は、要件事実には多様な解釈があることを意識した内容となったのです（竹内努・民事訴訟法雑誌 60 号 39 頁）。

4　もっとも、民法学者のいう「要件事実」は、第１、第２の要件事実のいずれとも異なっています。

請求原因、抗弁等の構成要件に該当する具体的な事実ではなく、その構成要件の方を「要件事実」と呼んでいるのです。そして、具体的な事実の方は「主要事実」と呼んでいます。

要件事実論 30 講（弘文堂）という書籍がありますが、学者も共同執筆している書籍であるため、この第３の要件事実の概念が用いられているのです。

第8章

その他の訴訟

第1 概 要

紛争類型別は、現在の4訂版になった際に、新たに、債権者代位訴訟、詐害行為訴訟、請負報酬訴訟を追加したため、これらを取り扱うものです。

➡もっとも、予備試験では、前二者は出題されたことがなく、また、後一者も、令和4年に出題されたばかりなので、しばらくは出題はなさそうです。

➡これらは、要件事実を検討するというよりは、実体法を理解する分野であるため、紛争類型別も、要件事実というより、実体法の話が多く、民法の教科書のようになっています。

第2 債権者代位訴訟

1　債権者代位の概要

例えば、あなたが貸金業者の牛島さんに自動車を100万円で売ったところ、牛島さんは、その後、事業に失敗して一文無しになってしまったとします。幸い、牛島さんには回収していない貸金債権が一つだけ残っていたので、その返済を受ければあなたに車の代金を支払えそうです。ところが、牛島さんは自らその貸金返還請求をしようとしません。こういう場合、あなたが牛島さんの債権者として牛島さんに代わってその貸金の借主に対し貸金の返還を求めることができます（民423条1項）。これが債権者代位と言われるものです。

このケースで、あなたは債権者、牛島さんは債務者、貸金の借主は第三債務者になります。

2　債権者代位訴訟の概要

債権者（あなた）が原告となり、第三債務者（貸金の借主）を被告として、その債務（貸金返還債務）の履行を求める訴訟です。金員債権の場合、債権者（あなた）は、第三債務者（貸金の借主）に対し、債務者（牛島さん）に支払うのではなく、直接債権者（あなた）に支払うよう請求できるとされています（民423条の3）。

➡訴訟を起こしたあなたは、債務者に、訴訟告知をしなければなりません（民423条の6）。

3　訴訟物（紛争類型別156頁）

債権者代位訴訟は、債務者（牛島さん）の第三債務者（貸金の借主）に対する債権（貸金債権）を、債権者（あなた）が代位行使するものです。裁判所において審理判断するのは、あくまでも、債務者（牛島さん）の第三債務者（貸金の借主）に対する債権の存否であり、あなたは、債権者代位により、債務者（牛島さん）に代わって原告になっているものです。

訴訟物の例

甲の被告に対する甲・被告間の消費貸借契約に基づく貸金返還請求権

➡牛島さんのことを「甲」と呼んでいます。

➡一般的な訴訟では「原告の被告に対する債権」が訴訟物になりますが、それとは異なり、「甲の被告に対する債権」が訴訟物になることから、「甲の被告に対する」債権であることを明記しているものです。

請求の趣旨の例

被告は、原告に対し、100万円を支払え。

➡被保全債権の範囲でしか請求できません（民423条の2）から、例えば、牛島さんの有している貸金債権の額が200万円であったとしても、原告の債権額が100万円であれば、その限度でしか請求ができません。

4 請求原因（紛争類型別156頁）

請求原因は、訴訟物である請求権の発生要件等から成りますが、上記の例では、訴訟物は貸金返還請求権ですから、その発生要件が必要となります。

このほかに、債権者が債権者代位により原告となるための要件（訴訟要件）として、その債権の発生原因（上記の例ではあなたの売買代金支払請求権の発生原因）が必要となるほか、債権者代位は債務者が無資力の場合に限ってすることができます（最三小判昭和40年10月12日民集19巻7号1777頁）から、債務者の無資力も要件（訴訟要件）となります（牛島さんも一文無しになっていました）。

請求原因等

訴訟要件・抽象的要件	要件事実等の例
被保全債権の発生原因（訴訟要件）	原告は、甲に対し、令和○年○月○日、甲自動車を100万円で売った
被代位債権の発生原因等	甲は、被告に対し、令和○年○月○日、期限を令和○年○月○日と定めて200万円を貸し付け、同日が到来した
債務者の無資力（訴訟要件）	甲には、上記貸金返還請求権以外に、原告の上記売買代金債権を満足させるに足りる財産はない

5 抗弁

ア 相手方が債務者に対して有する抗弁（紛争類型別162頁）

訴訟物である請求権の発生障害・消滅・阻止事由が抗弁となります（民423条の4）。例えば、被告が牛島さんに当該貸金を返還していたのであれば、弁済の抗弁を提出することができます。

➡被告は、原告がこの債権者代位訴訟を提起した後であっても、牛島さんに貸金を返還することができます（民423条の5）。

イ　本案前の主張

被告は、原告の債権の発生障害・消滅・阻止事由を主張をすることもできますが、

これは、実体上の抗弁ではなく、訴訟要件の具備を争うものであり、本案前の主張と呼ばれるものです。

例えば、被保全債権に弁済期があることです（民423条２項）。

➡もっとも、保存行為であれば、期限未到来であっても本訴訟を提起することができます（民423条２項ただし書）。

また、既に牛島さんが、この貸金債権に基づいて、貸金返還請求訴訟を提起しているのであれば、債権者は債権者代位訴訟を提起することができなくなります（最一小判昭和28年12月24日民集７巻12号1386頁）から、そのことも本案前の主張となります。

6　補足：登記請求権保全のための債権者代位訴訟

(1)　登記請求権を保全するために債権者代位訴訟を「転用」するものです（民423条の７）。

(2)　例えば、ある土地を、ＡさんからＢさんに売り、さらにＢさんがＣさんに売ったとします。ところが、登記名義は未だＡさんのままであり、Ｂさんは、これを自分名義にしてくれません。そういう場合、Ｃさんは、Ｂさんに代位して、Ａさんに対し、登記名義をＢさんに移転することを請求することができるというものです（Ｃさんは、その後は、Ｂさんに対し、登記名義を自己に移転することを請求します）。

(3)　この場合の訴訟物は、ＢのＡに対するＡＢ間の売買契約に基づく所有権移転登記請求権となります。

(4)　この場合は、Ｂさんの無資力は不要とされています。債権の保全と無資力は無関係だからです。そこで、請求原因としては、被保全債権の発生原因（上記例でいえば、ＢＣ間の売買契約の成立）と被代位債権の発生原因（上記例でいえばＡＢ間の売買契約の成立）で足ります。

第3 詐害行為取消訴訟

1 詐害行為取消訴訟の概要

例えば、あなたが大工の源さんにお金を貸したところ、大工の源さんは、その後、事業に失敗して一文無しになってしまったとします。前記第2の例とは異なり、大工の源さんには未回収の工事代金債権もありませんでしたが、その代わりに、その所有する自宅不動産があったとします。あなたは、この不動産を差し押さえて競売にかけることでお金を取り戻せそうです。ところが、大工の源さんは、この不動産を弟に贈与し、その登記を弟名義にしてしまいました。こういう場合、あなたは、弟を被告として訴訟を提起し、この贈与を取り消して、不動産名義を源さんに戻すことを求めることができます（大工の源さんではなく、その弟を被告にします）。これが詐害行為取消訴訟です。

この例で、あなたは債権者、大工の源さんは債務者、その弟は受益者になります。

2 訴訟物（紛争類型別169頁）

債権者（あなた）は、詐害行為取消権に基づき、①債務者（大工の源さん）と受益者（源さんの弟）との間の贈与契約の取消しを請求することができます（民424条1項）が、それと共に、②受益者（源さんの弟）に対し、この契約によって受益者（源さんの弟）に移転した不動産の返還（民424条の6第1項）を請求することができます。

これらは、一つの詐害行為取消権の内容であることから、訴訟物は詐害行為取消権自体であると考えられています。

②は、不動産の返還を求める場合は、受益者（源さんの弟）に対し、同人名義の所有権移転登記の抹消を求めるのが通例です。不動産の名義を債務者（大工の源さん）に戻しさえすれば、債権者（あなた）は、この不動産に差押えをすることができるようになるからです。

訴訟物の例

詐害行為取消権

請求の趣旨の例

1　甲と被告が令和○年○月○日にしたA土地の贈与契約を取り消す。 2　被告は、上記土地について、別紙登記目録記載の登記の抹消手続をせよ。

➡**ちなみに、被告が既にA土地を第三者に譲渡しその対抗要件も具備させてしまったときは、2項にかえて、A土地の価額の償還を被告に求めることができます（民424条の6第1項）。**

3　請求原因（紛争類型別169頁）

詐害行為取消請求権は、債務者（大工の源さん）が、債権者（あなた）を害することを知りながら、債権者（あなた）を害する法律行為（弟への不動産贈与）をしたときに発生しますから、請求原因としては、①被保全債権の発生原因、②その債権の債務者（大工の源さん）が債権者（あなた）を害する法律行為をしたこと、③債務者（大工の源さん）の詐害の意思（その法律行為が債権者（あなた）を害することを債務者（大工の源さん）が知っていたこと）が必要になります。また、所有権移転登記の抹消を請求する場合、その前提として、④所有権移転登記がされたことも必要になります。

➡**さらに、紛争類型別170頁は、①が②の行為よりも前に生じた原因に基づいて発生したことも独立の要件事実とします（民424条3項）が、通常は、このことは、①と②の日付を比べることで明らかになります。**

請求原因

抽象的要件	要件事実の例
被保全債権の発生原因	原告は、甲に対し、令和○年○月○日、100万円を貸し付けた
債務者による債権者を害する行為	甲は、令和○年○月○日、その所有する唯一の財産であるA土地を被告に贈与した
詐害の意思	甲は、上記贈与によって原告を害することを知っていた
所有権移転登記がされたこと	甲は、被告に対し、令和○年○月○日、A土地につき、上記贈与に基づき、所有権移転登記手続をした

4　抗　弁

ア　受益者の善意（紛争類型別174頁）

詐害行為取消権及びそれに基づく請求権は、受益者が善意であれば発生しません（民424条1項ただし書）。そこで、これが障害の抗弁となります。

上記の例でいえば、源さんの弟が「この不動産の贈与を受けるとあなたの権利が害されてしまうこと」を知らなかったのであれば、それを抗弁とすることができます。

イ　資力の回復（紛争類型別175頁）

大工の源さんの資力が回復したのであれば、当該不動産を取り戻させる必要はなくなりますから、詐害行為取消権が消滅します（大判大正15年11月13日民集5巻798頁）。そこで、これが抗弁となります（大判大正5年5月1日民録22輯829頁）。

➡さらにその後に無資力に陥っても詐害行為取消権は復活しないと解されています（大判昭和12年2月18日民集16巻120頁）。

ウ　期間の制限（紛争類型別175頁）

(1)　詐害行為取消請求訴訟は、以下のいずれかに該当すると、提起できなくなります（民426条）。

①　債権者が当該詐害行為を知った時から2年が経過

又は

②　当該行為の時から10年を経過

(2)　もっとも、これらについては、実体上の除斥期間とする見解と、訴訟要件とする見解があります。

エ　被保全債権の発生障害又は消滅事由（紛争類型別174頁）

債権者の債権の発生障害又は消滅事由も抗弁になり得ます。

➡上記の例で言えば、あなたが、当該債権を他人に譲渡した場合などです。

5　その他の詐害行為取消訴訟

➡紛争類型別は、以下の訴訟類型についても説明をしていますが、いずれも司法試験・予備試験の出題可能性は低いと思われます。詐害行為取消訴訟は過去に一度も出題されておらず、今後出題されるとしても、まずは原則的な形態の出題がされると予想されるからです。

①　相当の対価を得てした財産の処分行為の詐害行為取消請求訴訟（民424条の2）

②　既存の債務についての債務消滅行為の詐害行為取消請求訴訟（民424条の3）

③　転得者が出現する場合の詐害行為取消請求訴訟（Aさんの弟が、当該土地を第三者に譲渡しその対抗要件も具備させてしまった時に、当該第三者を被告として本訴訟を提起する場合などです）（民424条の5）

第４ 請負報酬請求訴訟

1　訴訟の概要

請負人が原告となり、注文者を被告として、請負報酬を請求する訴訟です。

2　訴訟物（紛争類型別195頁、令和４年予備試験）

訴訟物

請負契約に基づく報酬請求権

請求の趣旨の例

被告は、原告に対し、〇万円を支払え。

➡附帯請求もする場合、「被告は、原告に対し、〇万円及びこれに対する令和〇年〇月〇日から支払済みまで年〇％の割合による金員を支払え。」などとなります

請負報酬請求訴訟の訴訟物は、請負契約に基づく報酬請求権です。請負契約が成立すると、それに基づいて発生するものです（大判昭和５年10月28日民集９巻1055頁）。

3　請求原因（紛争類型別195頁、令和４年予備試験）

報酬請求権は請負契約の成立によって発生しますが、仕事の完成が先履行であり（大判大正13年６月６日民集３巻265頁）、仕事が完成しなければ報酬請求ができません（民法633条もこれを前提としています）から、仕事の完成も請求原因事実となります。

請求原因

抽象的要件	要件事実の例
請負契約の成立	原告は、被告から、令和〇年〇月〇日、別紙目録記載の建物（以下「本件建物」という。）の新築工事を請け負った。
仕事の完成	原告は、令和〇年〇月〇日、上記工事を完成させた。

➡なお、紛争類型別196頁は、請負契約における報酬額の定め方について記載していますが、司法試験・予備試験での出題可能性は低いため、説明を省略します。

4 契約不適合に基づく損害賠償請求権との相殺の抗弁（紛争類型別203頁、令和４年予備試験）

ア 概 要

例えば、建物の建築請負で、完成した建物が欠陥住宅であったような場合です。この場合、注文者には損害が発生していますから、その損害賠償請求権（民559条・562条・564条・415条１項）を自働債権とする相殺の抗弁を提出することができます。

イ 要件事実

契約不適合に基づく損害賠償請求権との相殺の抗弁

抽象的要件	要件事実の例
目的物の引渡し	被告は、原告から、令和〇年〇月〇日、本件建物の引渡しを受けた
目的物が種類又は品質に関し契約不適合	上記引渡しを受けた際、本件建物には別紙瑕疵一覧表のとおりの瑕疵があった
損害の発生及び額	被告は、上記瑕疵の修補に〇〇万円を要した
相殺の意思表示	被告は、原告に対し、令和〇年〇月〇日、上記損害賠償請求権と本訴請求債権とを対当額で相殺するとの意思表示をした

ウ 担保責任制限の再抗弁

当該契約不適合が、注文者の供した材料の性質（又は注文者の与えた指図）によって生じたのであれば、注文者は、その不適合を理由として損害賠償請求をすることができません（民636条）。そこで、これらのことが再抗弁となります（紛争類型別206頁）。

➡再抗弁には、これ以外に、期間制限（民637条１項）、請負人の帰責事由の不存在（民415条１項ただし書）などがあります（紛争類型別205頁）。

エ 補足：契約不適合があった場合に提出できるその他の抗弁

➡被告は、契約不適合に基づく損害賠償債務との同時履行の抗弁を提出することもできます（紛争類型別202頁）が、この抗弁を提出しても、損害賠償債務との引換給付の判決となるだけであって、被告が全部勝訴することはできません。

➡被告は、契約不適合に基づく修補債務との同時履行の抗弁を提出することもできます（紛争類型別199頁）が、この抗弁を提出しても、修補債務との引換給付の判決となるだけですし、また、修補は、契約に適合しない仕事をした請負人自身にさせるのではなく、その余の業者に依頼するのが通常です。

➡被告は、契約不適合に基づく代金減額請求の抗弁を提出することもできます（紛争類型別206頁）が、契約に適合しない仕事をした請負人自身に修補を依頼することが

要件となっているうえ、この抗弁が認められても、経済的には上記相殺の抗弁が認められたのと全く同じ結果になるにすぎないことから、この抗弁ではなく上記相殺の抗弁を提出するのが通常です。

5　同時履行の抗弁（紛争類型別199頁）

ア　概　要

注文者は、目的物の引渡しを受けていないのに請負報酬の請求をされたのであれば、同時履行の抗弁を提出することができます。

請負報酬の支払は、仕事の目的物の引渡しと同時履行の関係に立つ（民633条）からです。

イ　要件事実

請負契約の中には、目的物の引渡しを要しないものもあり、その場合は、本抗弁は提出できません。

そこで、通常の同時履行の抗弁の要件事実（第１章第２の４参照）に加え、当該請負契約が目的物の引渡しを要するものであることも要件事実となります。

➡もっとも、例えば、建物建築請負であれば、建物の引渡しを要することは明らかです。このように、通常は、この要件事実は、請求原因段階で明らかになっています。

同時履行の抗弁

抽象的要件	要件事実の例
引渡しを要する請負であること	（請求原因で明らかであるのが通常）
同時履行の抗弁権の行使	「原告が本件建物を引き渡すまでは、報酬の支払を拒絶する。」との意思の表明

6　請負に関するその余の訴訟

➡なお、再抗弁については、第１章第２の４エ、オを参照してください。

ア　仕事未完成の場合の報酬請求訴訟

➡紛争類型別 197 頁は仕事未完成の場合の請負報酬訴訟、紛争類型別 209 頁は仕事一部完成の場合の請負報酬訴訟を扱っていますが、いずれも出題可能性は低いと思われます。

イ　仕事完成義務の債務不履行に基づく損害賠償請求訴訟（紛争類型別 213 頁）

➡債務不履行に基づく損害賠償訴訟は、これまで予備試験に出題されたことがなく、今後も出題の可能性は低いと思われます。

ウ　目的物の所有権に関する訴訟（紛争類型別 213 頁）

例えば、建物建築請負で、完成した建物の所有権の帰属を巡り、請負人と注文主との間で紛争が生じた場合です。

➡**どのような場合にどちらに所有権が帰属するかという実体上の問題にすぎない上、この場合の主張立証責任の分配について定説があるわけでもないことから、予備試験の民事実務科目においてこのような訴訟が出題される可能性は低いと思われます。**

コラム　8

さらに増えていく要件事実の意味

1　要件事実という言葉がいろいろな意味で使われるようになり、その後も、要件事実の意味は増えていきました。

主張立証責任の所在を示すという本質的な意義を失い、単なる「法律要件」のことを「要件事実」と呼ぶ例も出てきました。

税理士が、課税要件のことを課税要件事実と呼ぶようになったり、行政書士が行政不服審査の手続代理人になるための講習において要件事実が必須科目になったり、「社労士のための要件事実」という書籍が発売されるなど、要件事実という用語は隣接士業にも拡がっていきました。

タイトルに「要件事実」を付加した法律書は売上げが伸びるという現象も見られ、また、「恋愛の要件事実」などの言い方もされるようになりました。

2　他方で、司法研修所民事裁判教官室は、こっそりと、要件事実の定義を修正しています。

司法研修所民事裁判教官室は、平成 26 年に、「事例で考える民事事実認定」（法曹会）を発表しました。

その5頁では、「法律効果（権利の発生、障害、消滅、阻止）を生じさせる法律要件に該当する具体的事実」のことを「主要事実」と呼んでおり、その7頁でも、同様に「請求原因、抗弁、再抗弁等に該当する具体的事実」のことを「主要事実」と呼んでいます。

これらは、新問研5頁では「要件事実」と呼ばれていたもののことであり、ロースクールでは、現在でも、そのように教えているのですが、本家である司法研修所民事裁判教官室は、現在では、主要事実のことを要件事実とは呼ばなくなっているのです。

要件事実という言葉の意味が多様化していく中で、司法研修所民事裁判教官室が「先祖返り」しているのは面白いことです。

3　要件事実の意味が多様化しているため、要件事実という言葉が出てきたら、それがどのような意味で用いられているのかを確認する必要があります。

例えば、ロースクールや司法試験予備校で、あなたに要件事実を教えている先生は、果たして、どういう意味で「要件事実」という言葉を用いているのでしょうか。

いや、まず、その前に、先生に、この質問をしてみましょう。「先生、「主張の摘示」という言葉の意味を教えて下さい。」

この質問に的確に答えられたら、その先生は合格です。要件事実についてしっかりと理解している先生といってよいでしょう。

第9章
民事保全・民事執行・書証の成立

第1 民事保全

1 占有移転禁止の仮処分

(1) 所有権に基づく物の明渡(又は引渡)請求訴訟では、被告が当該物を占有していることが請求原因の要件事実になります。

この訴訟の係属中に、被告が当該物の占有を第三者に移転してしまえば、それまでの原告の努力は全部無駄になってしまいます。その訴えを取り下げて、新たに、当該第三者を被告とした訴えを提起しなければならないからです。

そこで、訴え提起に先立ち、当該物の占有を被告から第三者に移転させないようにしておく必要があります。

このような目的で申し立てられるのが、占有移転禁止の仮処分の申立てです。

(2) 申立てを受けて、裁判所が、占有移転禁止の仮処分命令をすると、被告は、当該物の占有を第三者に移転することができなくなります。

➡万が一、被告が、この命令に違反して、当該物の占有を第三者に移転してしまった場合でも、訴訟上は、被告が占有しているものと扱われ、請求認容判決がされます。そして、この確定勝訴判決を用いて、当該物の明渡し(又は引渡し)の強制執行ができるのが原則です(民保62条)。

2 民事保全

このように、訴訟を提起する前に、訴訟物である請求権を保全するためになされる手続を民事保全といいます。また、保全される権利のことを被保全権利といいます。

上記の占有移転禁止の仮処分の場合、被保全権利は、所有権に基づく返還請求権としての物の明渡(又は引渡)請求権ということになります。

3 処分禁止の仮処分

(1) Xの不動産に、Yが不実の(=実体上の理由のない)所有権移転登記を経由しているので、Xは、Yを被告として、当該登記の抹消請求訴訟を提起しようと考えています。

ところが、この訴訟の係属中に、Yが第三者に所有権移転登記をしてしまえば、Xは、Yの登記を抹消するのみならず、当該第三者の登記も抹消しなければならなくなります。

そこで、訴え提起に先立ち、Yに当該不動産の登記を第三者に移転させないようにしておく必要があります。

このような目的で申し立てられるのが、処分禁止の仮処分です。

⑵　申立てを受けて、裁判所が、処分禁止の仮処分命令をすると、当該不動産の登記の甲区にその旨の登記がされます。その後、当該不動産に第三者の所有権移転登記がされても、それはXには対抗できません（したがって、Xはその登記を抹消する必要がありません）。

⑶　この仮処分の被保全権利は、所有権に基づく妨害排除請求権としての所有権移転登記抹消請求権ということになります。

4　処分禁止の仮処分その2

⑴　Xは、Yから不動産を買いましたが、Yが所有権移転登記手続に協力してくれないので、Yを被告として、当該不動産の所有権移転登記請求訴訟を提起しようと考えています。

ところが、この訴訟の係属中に、Yが第三者に所有権移転登記をしてしまえば、Xは、まず、その第三者の登記を抹消しなければならなくなります。

そこで、訴え提起に先立ち、Yが当該不動産の登記を第三者に移転しないようにしておく必要があります。

このような目的で申し立てられるのが、処分禁止の仮処分です。

⑵　申立てを受けて、裁判所が、処分禁止の仮処分命令をすると、当該不動産の登記の甲区にその旨の登記がされます。その後、当該不動産に第三者の所有権移転登記がされても、それはXには対抗できません（したがって、Xはその登記を抹消する必要がありません）。

⑶　この仮処分の被保全権利は、売買契約に基づく所有権移転登記請求権ということになります。

5　仮差押え

⑴　これまでの仮処分とは少し毛色が違い、金銭債権一般を保全する手続として、仮差押えがあります。

Xは、Yを被告として、金銭請求訴訟（例えば売買代金支払請求訴訟）をしようと思っています。Yは唯一の財産として不動産を所有しているため、Xは、確定勝訴判決を得た後は、この不動産を強制競売にかけることで、金銭の回収ができそうです。

ところが、訴訟の係属中に、Yがこの不動産を第三者に贈与してしまえば、せっかく確定勝訴判決を得ても、Yには、他に財産がないため、強制執行ができません。Yが敗訴判決に従って任意に金員を支払ってくれればいいのですが、通常はそういうことは期待し難いため、判決書はただの紙切れになってしまいます。

そこで、Yに訴訟を提起する前に、上記不動産を仮に差し押えておく必要があります。

このような目的で申し立てられるのが、不動産仮差押えです。

(2) 申立てを受けて、裁判所が仮差押命令をすると、上記不動産の登記の甲区にその旨の登記がされます。

Xは、Yに対する確定勝訴判決を得た後は、仮差押を強制執行に移行させて、そのまま当該不動産の強制競売をすることもできます。その際、仮差押登記により後にある第三者の登記は無視されます。

(3) この仮差押えの被保全権利は、売買契約に基づく代金支払請求権ということになります。

(4) 不動産以外に、動産や債権を仮差押えの対象とすることもできます(動産仮差押え、債権仮差押え)。債権の場合、よく見られるのは、預金債権の仮差押えや給与債権の仮差押えです。

第2 民事執行

1 概　要

⑴　給付訴訟において原告の勝訴判決が確定しても、被告が、主文のとおりの給付をしてくれるとは限りません。任意の給付がされない場合は、被告の財産に対し強制執行をかけることで、原告は自らの権利を実現するしかありません。これを民事執行といいます。

➡もっとも、不動産登記手続をすることを命ずる判決は、その判決が確定すれば、当該登記手続をするとの意思表示をしたものと擬制されます（民執 177 条）から、強制執行をする必要がありません。

⑵　民事執行は、対象とする財産の種類によって、不動産執行、動産執行、船舶執行、債権執行などに分類されます。

⑶　民事執行の手続を行う裁判所（＝執行裁判所）は、当該判決をした裁判所とは異なる裁判所です（民執3条）。

2 強制執行手続

ア　強制執行の実施

強制執行は、執行文の付された債務名義の正本に基づいて実施するのが原則です（民執 25 条）。

給付訴訟の確定した勝訴判決は、ここでいう「債務名義」に当たります（民執 22 条1号）から、その判決の正本に執行文が付されれば、強制執行ができることになります。

イ　執行文の付与

そこで、まず、上記判決に執行文を付与してもらう必要があります。執行文を付与するのは、当該判決をした裁判所の裁判所書記官です（民執 27 条1項）から、原告は、その裁判所書記官に対し執行文付与の申立てをして執行文の付与を受けます。

ウ　強制執行の開始

次に、原告は、執行裁判所に対し、強制執行の申立てをします。

被告が所有する不動産を対象とする場合、執行裁判所は、競売開始決定をして当該不動産を差し押えます（民執 45 条）。

他方、被告が所有する債権を対象とする場合、執行裁判所は、当該債権につき、差押命令をします（民執 143 条）。

エ　目的物の換価・取立て

不動産執行の場合、その不動産を執行裁判所が売却し、その売却代金（の一部）を原告に交付します。これにより原告はその権利を実現したことになります。

他方、債権執行の場合、原告が自らその債権を取り立てるのが原則です（民執155条1項）。

第3 書証の成立

1 概　要

例えば、Yが、民事裁判において、Xの作成した領収証を、書証として証拠提出したところ、Xが、これは自分が作成したものではない、偽造されたものだと主張することがあります。そういう場合、Yは、当該領収証がXの作成であることを立証しなければなりません。

2 形式的証拠力

上記領収証がXの作成であることの立証ができなかったとします。その場合、上記領収証は、「XがYから当該金員の支払を受けた」という事実認定に用いることはできません。このことを、上記領収証には「形式的証拠力がない」といいます。

➡他方、形式的証拠力が認められた文書について、それがどの程度事実認定に役に立つ証拠であるかという証拠の重要性のことを「実質的証拠力」といいます。

3 成立の真正

上記領収証がXの作成であることの立証ができたとします。Yは、Xを作成名義人として、上記領収証を証拠提出したものですが、実際にそれがXの作成であると認められることを、上記領収証の「成立の真正」が認められるといいます。

4 成立の真正に争いがない場合

Xが、当該領収証について、自ら作成したと認めるのであれば、上記領収証は、真正に成立した（＝作成名義人とされた者が作成した）ものと認められます。

➡実際の事件では、ほとんどの書証は、成立の真正に争いがありません。

5 成立の真正の推定

(1)　Xが、当該領収証の成立の真正を争う場合、Yは、それを立証しなければなりませんが、推定規定を用いた簡単な立証方法があります。

当該領収証に、Xの意思に基づいてされた署名又は印影があれば、成立の真正が推定されるとの規定（民訴228条4項）を利用するのです。

しかも、その印影が、Xの印鑑によるものであることが明らかになれば、その印影は、Xの意思に基づいてされたものと事実上推定されます（最三小判昭和39年5月12日民集18巻4号597頁）。

つまり、当該領収証にXの印鑑による印影があれば、それはXの意思に基づいてされた印影であると事実上推定され（一段目の推定）、その印影（＝Xの意思に基づく印影）により、当該領収証はXが作成したものと推定される（二段目の推定）のです。

⑵ この2つの推定（これらを併せて「二段の推定」といいます）を利用すると、Yは、次のいずれかを立証すれば足りることになります。

① 当該領収証にあるXの印影は、Xの印鑑を押捺したものである。

又は

② 当該領収証にあるXの署名は、Xの自筆である。

➡自筆の署名であれば、自らの意思に基づいてされたものと認められます。その立証方法としては、他の文書におけるXの筆跡との対照や、筆跡鑑定があります。

もっとも、領収証などに「署名（＝手書き）」をする例は少なく、通常は「記名（＝印字してあるもの）」ですから、②ではなく、①を立証する場合がほとんどです。

そして、①は、例えば、Xの印鑑登録証明を取り寄せ、それが当該領収証の印影と同じであれば、その立証がされたことになります。

6 推定の覆滅

⑴ 上記の二段の推定を用いた立証に対し、Xは、その推定を覆滅させることができます。

⑵ 当該印影が、Xの印鑑を押捺したものであることが明らかになれば、その印影は、Xの意思に基づいてされたものと事実上推定されます（一段目の推定）。

しかしながら、当該領収証が作成された頃、その印鑑は盗難に遭っており、Xの手元にはなかったとすると、当該印影は、Xの意思に基づいて押捺されたものとはいえません。そこで、当時、印鑑が盗難に遭っていたことは、上記推定を覆す事実となり得ます。

⑶ 当該印影が、Xの意思に基づいてされたものであれば、領収証の成立の真正が推定されます（二段目の推定）。

しかしながら、例えば、Xが、白紙に記名押印をしただけのものを、Yに渡したところ、Yが、Xに無断で、白紙部分に「領収証　私はYから100万円を受け取りました。」などと記載したのであれば、この領収証はXの意思に基づいて作成されたものとはいえません。そこで、このような事実が上記推定を覆す事実となり得ます。

7　作成名義人が複数である文書

例えば、契約書は、二人で作成しますから、作成名義人が二人いることになります。そのうちの一人について、記名押印が偽造であるとして、成立の真正が争われることもあります。

この場合は、その一人についてのみ、二段の推定などにより成立の真正を立証すれば足ります。

第10章

司法試験予備試験の論文問題の分析

第1 平成23年司法試験予備試験論文式試験

[法律実務基礎科目(民事)]

1 事案の概要

Xの言い分

Aは、乙商店街で布団店を営んでいるものですが、平成16年10月1日、同じ商店街で文房具店を営んでいるYに対し、返還時期を平成17年9月30日と定めて、100万円を貸し付けました。

私は、平成22年4月1日、Aから、上記債権を80万円で買いました。Aは、Yに対し、電話でその旨の通知をしています。

私は、平成22年5月14日、Yに対し、上記貸金の返還を求めましたが、支払がなかったため、同年12月15日にYの店に行ったところ、Yから「返済を半年間待ってほしい。」と懇願されました。

このような経過を経て、私は、平成23年2月15日、Yを被告として、上記貸金の返還請求に係る訴訟を提起しました。

Yの言い分

Xが主張している貸金ですが、私がAから借りた時から既に6年以上が経過しており、また、返還時期から起算しても5年以上が経過していますから、時効消滅しており、私がXに100万円を支払う義務はないと思います。

そこで、私は、平成23年2月21日、Xに対し、時効消滅した貸金の返還をするつもりはないことを電話で伝えました。

2 訴訟物

訴訟物	A・Y間の消費貸借契約に基づく貸金返還請求権
訴訟物の個数	1個

主文・請求の趣旨
被告は、原告に対し、100万円を支払え。

訴訟物は、本試験の設問において、消費貸借契約に基づく貸金返還請求権と指定されています。

➡訴訟物を表記する際、契約主体が原被告以外の者である場合は、契約主体が誰であるかを明らかにします。本問の消費貸借契約の主体はAとYですから、その旨を明らか

にする必要があります。

3　当事者の主張

◎1　請求原因

	抽象的要件	要件事実
あ	金員の返還約束	A・Y　H16.10.1 100万円返還合意
い	金員の交付	A→Y　H16.10.1 100万円交付
う	返還時期の合意	A・Y　H16.10.1 （あ）の際、返還時期をH17.9.30とする合意
え	返還時期の到来	H17.9.30到来
お	債権の譲渡原因（売買）	A・X　H22.4.1 （あ）（い）の貸金債権売買 代金　80万円

ア　概要（本試験の設問1の解答）

a　請求権の発生要件等

貸金返還請求の請求原因の抽象的要件は、司法研修所説に従うと、①消費貸借契約の成立、②当該消費貸借契約において返還時期の合意がされたこと、③当該返還時期が到来したこととなります。

①は、消費貸借の冒頭規定である民法587条によると、「金員の返還約束」及び「金員の交付」が契約の成立要件になります。

b　債権譲渡による請求権の移転

債権の譲渡は、その原因行為が要件事実になると解されています。A・X間の債権譲渡の原因行為は債権の売買ですから、債権の売買契約の成立が要件事実になります。

➡なお、いわゆる債務者対抗要件（民467条1項）を具備したこと（AがYに電話で債権譲渡の通知をしたこと）は請求原因の要件事実になりません。債務者対抗要件は、債務者が、その具備不具備を問題にした場合に初めて、債権者が、その具備を主張立証すれば足りる（最三小判昭和56年10月13日裁判集民事134号97頁）ところ、本問の債務者Yは、これを問題にしていないからです。

イ　要件事実

上記抽象的要件に該当する要件事実は、次のようになります。

① A・Y間で100万円の返還合意がされ、AがYに100万円を交付したこと
② ①において返還時期を平成17年9月30日と合意したこと
③ ②の返還時期である平成17年9月30日が到来したこと
④ AがXに上記貸金返還請求権を80万円で売ったこと

➡なお、本試験の設問では、④を立証する証拠として、売買代金の支払に係る領収証が提出されており、それにはA名義の署名押印がされています。このA名義の印影がAの印章によって顕出されたものであるときは、反証のない限り、その印影はAの意思に基づいて顕出されたものと事実上推定され（一段目の推定）、その結果、この領収証は、真正に成立したものと推定されます（民訴228条4項。二段目の推定）。そこで、「A名義の印影がAの印章によって顕出されたこと」をYが認めれば、この二段の推定により、この領収証は真正に成立したものと推定されます。他方、Yが、これを認めないのであれば、Xは、当該印影がAの印章によることを立証するために、Aの印鑑登録証明等を証拠提出する必要があります。

◇2 抗弁――消滅時効

	抽象的要件	要件事実
カ	消滅時効期間の経過	H22.9.30 経過
キ	時効によって不利益を受ける者に対する時効の援用の意思表示	Y→X H23.2.21 時効援用の意思表示

ア 概 要

本問の抗弁は、「消滅時効の抗弁」であると本試験の設問で指定されています。

➡この抗弁は、いったん発生した請求権を消滅させるものであり、消滅の抗弁となります。

イ 抽象的要件

本抗弁の抽象的要件は、次のとおりになります。

① 権利を行使することをできることを知った時（本問では返還時期の到来時）から5年が経過したこと
② 時効によって不利益を受ける者に対し時効を援用したこと

ウ 要件事実

(1) 上記抽象的要件に該当する要件事実は、次のとおりになります。

① 当該貸金返還債務の返還時期の5年後である平成22年9月30日が経過したこと

②　Yが、Xに対し、上記時効を援用するとの意思表示をしたこと

⑵　②は、いわゆる不確定効果説・停止条件説（本試験の設問の「甲説」）に立つと、時効の援用とは、時効により不利益を受ける者に対する実体上の意思表示になります（本試験の設問２の解答）。

➡他方、いわゆる確定効果説（本試験の設問の「乙説」）に立つと、時効の援用は、裁判所に対する意思の表明にすぎず、実体上の意思表示の主張ではないことになります。

3　再抗弁――時効援用権の喪失

ア　概　要

債務者が時効完成後に債務を承認すれば、時効完成の事実を知らなかったときでも、爾後（＝以後）その債務についてその完成した消滅時効を援用することは許されないという判例（最大判昭和41年４月20日民集20巻４号702頁）に基づく再抗弁です。

➡時効の援用が無効となることで、抗弁による法律効果（請求権の消滅）の発生が障害されますから、障害の再抗弁となります。

イ　要件事実

要件事実は、「Yが、平成22年12月15日に、Xに対し、当該貸金の返還の猶予を懇願したこと」となります。債務の履行の猶予を懇願するということは、その債務の存在を認めていることにほかなりませんから、この事実は「債務の承認」に当たります。

➡そこで、請求原因・抗弁の要件事実が認められたのであれば、この再抗弁の要件事実の存否を認定するために証拠調べをする必要があります（本試験の設問３の解答）。

ウ　補足：時効の完成猶予の再抗弁の成否

Xは、Yに対し、平成22年５月14日に、貸金の返還の催告をしていますが、それから６か月が経過しましたから、もはや時効の完成は猶予されません（民150条１項）。なお、Xが本訴訟を提起したのは、上記催告から６か月が経過した後である平成23年２月15日です。したがって、Xは、時効完成猶予の再抗弁を提出することができません。

➡したがって、時効の完成猶予の再抗弁が提出されても、それは、主張自体失当ですから、この再抗弁の要件事実の存否を認定するために証拠調べをする必要はありません（本試験の設問３の解答）。

第2 平成24年司法試験予備試験論文式試験

[法律実務基礎科目(民事)]

1 事案の概要

Xの言い分

私は、Yに対し、平成20年6月25日、甲建物を、以下の約定で賃貸し(以下「本件賃貸借契約」といいます)、同年7月1日、同建物を引き渡しました。

(1) 賃貸期間　平成20年7月1日から5年間

(2) 賃　料　月額20万円

(3) 賃料支払方法　毎月末日に翌月分を支払う。

ところが、Yは、平成22年11月分以降、お金がないなどと言って、賃料の支払をしなくなりました。

そこで、私は、平成23年4月14日、Yに対し、平成22年11月分から平成23年4月分までの未払賃料合計120万円(以下「本件未払賃料」といいます)を2週間以内に支払うよう催告しましたが、それでも支払がなかったため、平成23年7月1日、Yに対し、本件賃貸借契約を解除するとの意思表示をしました。

そこで、私は、Yに対し、甲建物の明渡しを求めたいと思います。

なお、私は、Yが甲建物の修理をしたと聞いたので、Yに対し、修理費として30万円を支払いました。Yの主張する雨漏りを修理するための費用は30万円もあれば十分だからです。

Yの言い分

私は、平成22年10月20日、150万円をかけて甲建物の屋根の雨漏りを修理し、その代金を業者に支払いましたが、その費用は、私が負担すべきものではないので、その分を回収するため、同年11月分以降の賃料の支払をしなかっただけなのです。

そして、私は、平成23年6月2日頃、Xに対し、上記修理費用の支出に基づく債権と本件未払賃料債権とを対当額で相殺する旨を告げました。

仮に上記相殺が認められなかったとしても、私は、Xが甲建物の修理費用を支払ってくれるまでは、甲建物を明け渡すつもりはありません。

2　訴訟物

訴訟物	賃貸借契約の終了に基づく目的物返還請求権としての建物明渡請求権
訴訟物の個数	１個

主文・請求の趣旨

被告は、原告に対し、甲建物を明け渡せ。

訴訟物は、本試験の設問において、賃貸借契約の終了に基づく目的物返還請求権としての建物明渡請求権と指定されています。

この請求権は、賃貸借契約に基づくものですが、契約終了時に発生するものです。

3　当事者の主張

1　請求原因

	抽象的要件	要件事実
あ	賃貸借契約の成立	Ｘ・Ｙ　H20.6.25 甲建物賃貸借 賃料　月額20万円
い	賃貸物の引渡し	Ｘ→Ｙ　H20.7.1 （あ）に基づく甲建物引渡し
う	賃料支払期限の約定	Ｘ・Ｙ　（あ）の際、毎月の賃料を前月末日に支払うとの合意
え	賃料支払期限の経過	H22.10～H23.3の各末日経過
お	催告	Ｘ→Ｙ　H23.4.14 H22.11～H23.4分の賃料支払を催告
か	客観的相当期間の経過	H23.4.28経過
き	解除の意思表示	Ｘ→Ｙ　H23.7.1 （あ）の契約を解除

ア　概　要

賃貸借契約の終了時に発生する請求権ですから、その発生要件として、①賃貸借契約が成立したことと、同契約が終了したことの両方が必要となります。また、目的物の返還を求める前提として、②賃貸人が賃借人に目的物を引き渡したことも必要となります。

イ　賃貸借の終了

本問の賃貸借は、履行遅滞（賃料不払）を理由とする解除（民541条）により終了しています。

建物賃料の支払期限は月末とされています（民614条）が、同条は任意規定であるため、これと異なる期限を定めることができ、本問の賃貸借契約でも、月末ではなく、前月末を期限としています。

履行遅滞の実体要件は、履行期までに履行をしなかったことですが、このうち、「履行をしなかったこと」については、その反対事実である「履行をしたこと」が抗弁に回る（大判大正8年7月22日民録25巻1344頁）ため、履行期が経過したことだけが要件事実になると考えられています。そこで、本問では、③民法614条とは異なる賃料支払期限の定めをしたこと、④その期限が経過したことが、履行遅滞の要件事実となります。

また、履行遅滞を理由とする解除をするには、相当の期間を定めてその履行の催告をすることが必要です（民541条）が、相当の期間を定めない催告であっても、催告後客観的に相当な期間が経過すると解除権が発生するとされている（最三小判昭和29年12月21日民集8巻12号2211頁、最二小判昭和31年12月6日民集10巻12号1527頁）ため、履行遅滞の要件事実に加え、⑤催告をしたこと、⑥催告後客観的に相当な期間が経過したことが、解除権発生の要件となります。

解除権の発生後は、⑦解除の意思表示により、賃貸借を終了させることができます。

ウ　要件事実

上記抽象的要件に該当する要件事実は、以下のとおりになります。

①　X・Y間で甲建物を目的とする賃貸借契約が成立したこと
②　①に基づいて、XがYに甲建物を引き渡したこと
③　①において、賃料の支払期限を前月末とする合意をしたこと
④　平成22年10月から平成23年3月の各末日が経過したこと
⑤　XがYに未払賃料の支払を催告したこと
⑥　⑤から相当期間（本試験の設問では2週間）が経過したこと
⑦　XがYに①の契約を解除するとの意思表示をしたこと

2　抗弁――解除権の消滅

	抽象的要件	要件事実
サ	必要費の支出	Y　H22.10.20 甲建物修理　150万円支出
シ	解除前の相殺の意思表示	Y→X　H23.6.2頃 （サ）の債権と（え）の債権を対当額で相殺

ア　解除権の消滅

Xの催告後、平成23年4月28日の経過（客観的相当期間の経過）により、Xには契約の解除権が発生しましたが、Yが同年6月2日頃に本件未払賃料債務を相殺により消滅させたことで、この解除権が消滅したとの主張です。

➡催告期間経過後解除前に債務者が当該債務の履行をすると解除権は消滅します（大判大正6年7月10日民録23輯1128頁参照）。

そうすると、Xが同年7月1日にした解除は無効ですから、賃貸借契約は終了しておらず、賃貸借契約の終了に基づく建物明渡請求権も発生していなかったことになります。

このように、本抗弁は、解除権の消滅により、訴訟物である請求権の発生が障害されたと主張するものであり、障害の抗弁となります。

➡なお、法務省が公表している「論文式試験出題の趣旨」では、本抗弁のことを「相殺の抗弁」と表記していますが、相殺の抗弁とは、相殺により請求権を消滅させる抗弁（そして多くの場合は訴訟上の相殺）を意味するのが一般であるため、本抗弁を「相殺の抗弁」と表記することには大変に違和感があります。

イ　相　殺

Yによる相殺の自働債権は賃借人の賃貸人に対する必要費償還請求権であり、受働債権は未払賃料債権です。

賃借建物の雨漏りを修繕することは、本来、賃貸人がすべきことですから、これを賃借人がしたのであれば、賃貸人の負担に属する必要費を賃借人が支出したことになり、賃借人は、直ちに、賃貸人に対し、その償還を請求することができます（民608条1項）。Yが雨漏りの修理をしてその費用を支出したのは平成22年10月20日ですから、同日に費用償還請求権が発生し、直ちにその弁済期が到来したことになります。

➡なお、問題を単純化するため、本試験の設問と異なり、修理をしたのも平成22年10月20日としています。

Ｙが相殺の意思表示をした平成23年6月2日には、受働債権である本件未払賃料債権の弁済期も全て到来していますから、同日までに相殺適状になっています。

ウ 抽象的要件（本試験の設問1⑴の解答）

以上によると、本抗弁の抽象的要件は、解除前に債務者が相殺により当該債務を消滅させたこととなります。相殺は、自働債権の発生原因と、相殺の意思表示をしたことを主張すれば足ります（受働債権の発生は請求原因で明らかになっています）が、本問の自働債権の発生原因は、賃貸人の負担に属する必要費を賃借人が支出したことです。

エ 要件事実

上記の抽象的要件に該当する要件事実は、次のとおりになります。

① 貸借人であるＹが貸借物である甲建物を修理してその費用を支出したこと

② Ｙが①に基づく必要費償還請求権と未払賃料債権とを対当額で相殺したこと

③ ②がＸの解除より前であること

➡なお、本試験の設問によると、Ｙは、①を立証するために、請負人から受領した領収証（その末尾に手書きで請負人の氏名が記載されている）を提出したところ、Ｘは、この文書の成立を「否認する」との陳述をしたものの、否認する理由を明らかにしていません（民訴規145条違反）。否認する理由としては、①この氏名の記載が請負人の自署であることを否認する場合と、②自署であることは認めるがそれが利用されて領収証が偽造されたなどと主張する場合があります。①の場合、Ｙは、当該氏名の記載が請負人の自署であることを立証する必要がありますが、②の場合、この領収証は真正に成立したものと推定されます（民訴228条4項）から、逆に、Ｘが、この推定を覆すための立証をする必要があります。このように、否認の理由如何で、その後の審理内容が変わってきますから、裁判所は、Ｘに対し、いかなる理由で否認するのかを確認する必要があります（本試験の設問2の解答）。

➡③のように、時間的先後関係等が要件事実になることを、「時的要素」と呼ぶことがあります。なお、本試験の設問によると、証拠調べの結果、Ｙの相殺がＸの解除より後に行われたとの心証が形成されたとのことですから、③の立証がないとして、本抗弁の成立は認められないことになります。

3　抗弁——留置権

	抽象的要件	要件事実
ス	他人の物の占有	X　甲建物所有 Y　甲建物占有
セ	（ス）の物に関して生じた債権の発生原因	Y　H22.10.20 甲建物修理　150万円支出
ソ	留置権を行使するとの意思の表明	「費用償還債務が履行されるまでは、甲建物の明渡しを拒絶する。」

ア　概要（本試験の設問1⑵の解答）

Yは、「仮に相殺が認められなかったとしても、私は、Xが甲建物の修理費用を支払ってくれるまでは、甲建物を明け渡すつもりはありません。」と主張しています。賃借人は、賃貸借の終了後も、費用が償還されるまで目的物を留置することができる（大判昭和14年4月28日民集18巻484頁）ことから、Yは、屋根の修繕に係る費用償還請求権を被担保債権とする留置権を行使していると考えられます。

イ　抽象的要件

留置権の発生要件は、民法295条本文によると、①他人の物を占有していることと、②その物に関して生じた債権（被担保債権）を有することですが、本問の被担保債権は、賃借人が目的物に関して負担した費用の償還請求権です。

➡なお、この請求権は、発生と同時に弁済期に達しています（民295条ただし書を充足）。

また、留置権の抗弁は、権利を行使する旨の意思の表明を必要とする権利抗弁です（最一小判昭和27年11月27日民集6巻10号1062頁）。

ウ　要件事実等

⑴　上記の抽象的要件に該当する要件事実は、次のとおりになります。

①　YがXの所有する甲建物を占有していること

②　賃借人であるYが賃借物である甲建物を修理してその費用を支出したこと（Yが賃借人であることや、甲建物が賃借物であることは、請求原因で明らかになっています）

⑵「留置権を行使するとの意思の表明」は、裁判所に対して表明すれば足ります。

エ　留置権の抗弁が認められた場合の判決主文

留置権の抗弁が認められると、請求棄却の主文になるのではなく、引換給付の主文となります（最一小判昭和33年3月13日民集12巻3号524頁、最二

小判昭和33年6月6日民集12巻9号1384頁)。

Xが修理費用の一部として30万円を支払ったことが主張立証されると、残額は120万円になりますから、次のような主文になります(本試験の設問(3)の解答)。

> 1　被告は、原告から120万円の支払を受けるのと引換えに、原告に対し、甲建物を明け渡せ。
> 2　原告のその余の請求を棄却する。

➡留置権の抗弁の成立が認められて、一部認容となる(全部認容ではない)ため、「その余の請求を棄却する」との主文が必要になるものです。

第3 平成25年司法試験予備試験論文式試験
［法律実務基礎科目（民事）］

1　事案の概要

Aは、平成23年4月1日、Yの父であるBに対し、マンション甲の301号室（以下「本件建物」といいます）を、賃料月額5万円と定めて賃貸し（以下「本件賃貸借契約」といいます）、引き渡しました。

Bは、平成24年4月2日、Yに対し、本件建物を、賃料月額5万円と定めて賃貸し、引き渡しました。

Aは、平成24年7月16日、Bに対し、Aに無断で本件建物を転貸したことを理由に、本件賃貸借契約を解除するとの意思表示をしました。

Xは、Aから、平成24年9月3日、本件建物を代金500万円で買い、その所有権移転登記を経由しました。

Xは、Yを被告として、所有権に基づき、本件建物の明渡しを求める訴訟を提起したところ、Yは、本件賃貸借契約には本件建物を転貸することをAが認める旨の特約があったと主張して、Xの請求の棄却を求めています。

この訴訟の係属中である平成24年11月2日にBが死亡しました。Bの相続人はYだけでした。

第2　訴訟物

訴訟物	所有権に基づく返還請求権としての建物明渡請求権
訴訟物の個数	1個

主文・請求の趣旨

被告は、原告に対し、マンション甲の301号室を明け渡せ。

訴訟物は、本試験の設問において、所有権に基づく返還請求権としての建物明渡請求権と指定されています。

この請求権は、物権的請求権の3類型のうちの1つである返還請求権です。占有の侵奪が続く限り不断に発生するものですから、基準時である口頭弁論終結日にまさに発生した返還請求権を訴訟物にします。

3 当事者の主張

1 請求原因

	抽象的要件	要件事実
あ	原告の前主の所有	A　H23.4.1 建物所有
い	前主から原告への所有権移転原因	A・X　H24.9.3 建物売買 代金 500 万円
う	被告の占有	Y　建物占有

ア 概　要

口頭弁論終結日にまさに発生した返還請求権が訴訟物ですから、その発生要件は、「原告の現在の当該物の所有」と「被告の現在の当該物の占有」となりますが、前者は、被告の権利自白の態様によって主張内容が異なります。

イ 要件事実

a　Xの現在の所有

本試験の設問では、Xが、「前主であるAが平成23年4月1日に本件建物を所有していたこと」及び「XがAから平成24年9月3日に本件建物を500万円で買ったこと」を主張したとしています。

➡Xの現在の所有をYが争っていないので、Xは現在の所有を主張すれば足りるところなのですが、抗弁で、Aの平成23年4月1日所有の事実が必要となることから、設問構成の都合上、請求原因で先回りして主張させているのです（なお、新問研112頁も同じ理由で先回り主張させています）。

本試験の設問によると、Yはこれらの事実を認めていますから、Aの平成23年4月1日における所有が権利自白により確定し、また、A・X間の売買契約の成立の事実も自白により確定します。そこで、本件建物の所有権は、平成24年9月3日にAからXへ移転し、それが現在まで存続していることになります。

➡設問の都合上、このようなイレギュラーな認否がされているものですが、このような出題の仕方自体、適当ではないというべきです。

b　Yの現在の占有

Yが本件建物を現在占有していることが要件事実になります。

２　Ｂの死亡前の抗弁――占有権原

	抽象的要件	要件事実
カ	賃貸借契約の成立	Ａ・Ｂ　H23.4.1 建物賃貸借 賃料　月額５万円
キ	（カ）に基づく引渡し	Ａ→Ｂ　H23.4.1 （カ）に基づく建物引渡し
ク	賃貸人による転貸の承諾	Ａ→Ｂ　H23.4.1 （カ）の際、建物を転貸することを承諾
ケ	転貸借契約の成立	Ｂ・Ｙ　H24.4.2 建物賃貸借 賃料　月額５万円
コ	（ケ）に基づく引渡し	Ｂ→Ｙ　H24.4.2 （ケ）に基づく建物引渡し

ア　概　要

抗弁は、本試験の設問において、占有権原の抗弁と指定されています。

所有権に基づく物の返還請求に対し、被告は、自己の占有が権原に基づく適法なものであることを抗弁とすることができますが、Ｙは、占有権原として、本件建物の転借権の存在を主張しています。

イ　抽象的要件（本試験の設問１⑵の解答）

占有権原（賃借権）の抗弁では、賃借権の発生原因である賃貸借契約の成立のほか、賃借人が当該賃貸借契約に基づいて目的物の引渡しを受けたことも、自己の占有の適法性を基礎付ける事実として必要になります。

➡賃借人といえども、賃貸人から目的物の引渡しを受けたのではなく、不法にその占有を開始したのであれば、その占有は権原に基づく適法なものとはいえないからです（本試験の設問１⑴の解答）。

本問のように転借権の存在を占有権原として主張する場合は、①原賃貸借契約が成立し、②それに基づいて原賃借人が目的物の引渡しを受け、さらに、③転貸借契約が成立し、④それに基づいて転借人が目的物の引渡しを受けたことのほか、転貸借が適法であることを基礎付けるため、⑤原賃貸人が転貸借を承諾したことも抽象的要件になります（本試験の設問１⑵の解答）。

➡原賃貸人が転貸借を承諾したことは転借人が主張立証責任を負うと解されています。
➡なお、占有権原の設定後に建物を取得したＸに対して占有権原を主張するのですから、Ｙは、Ｘに占有権原を対抗するための対抗要件を具備したことをも主張しなければな

らないとも考えられます。建物の引渡しも対抗要件になります（借地借家10条）から、この考え方によると、建物の引渡しの主張は対抗要件具備の主張を兼ねていることになります。しかしながら、対抗要件は、相手方が具備不具備を問題にした場合に初めて、その具備を主張すれば足りるのであって、相手方が何ら問題にしていないのに、先回りして具備の主張をする必要はありません。Xは、Yの対抗要件の具備不具備を問題にしていませんから、Yが対抗要件の具備を主張する必要はなく、そうすると、建物の引渡しの主張は対抗要件の具備の主張は兼ねていないことになります（本試験の設問1⑴の解答）。

ウ　要件事実

上記抽象的要件に該当する要件事実は、以下のとおりになります。

①　A・B間で本件建物を目的とする賃貸借契約が成立したこと

②　Bが①に基づいて本件建物の引渡しを受けたこと

③　B・Y間で本件建物を目的とする賃貸借契約が成立したこと

④　Yが③に基づいて本件建物の引渡しを受けたこと

⑤　①の契約においてAがBに対し本件建物の転貸を承諾したこと

➡なお、Yは、⑤を立証するために、建物の転貸を承諾するとの手書きの文言がある賃貸借契約書を提出しています。この契約書にはAの署名押印があり、Aはこの署名押印が自らのものであることを認めているため、成立の真正が推定されます（民訴228条4項）。しかしながら、この手書きの文言は、実は、第三者が書き加えたもののようです。Xは、A及びBの尋問を申請する、Aの筆跡を対照することができる文書を書証として提出するなどにより、第三者による加筆を立証することで、上記の推定を覆すことができます（本試験の設問2の解答）。

◘3　B死亡後の抗弁——占有権原

	抽象的要件	要件事実
カ	賃貸借契約の成立	A・B　H23.4.1 建物賃貸借 賃料　月額5万円
キ	(カ) に基づく引渡し	A→B　H23.4.1 (カ) に基づく建物引渡し
ク	被相続人の死亡	B　H24.11.2　死亡
ケ	相続人であるための身分関係 及び同時存在	Y　Bの子 Y　Bの死亡時に生存

Bが死亡し、YがBを相続すると、Yの転借権は、債権者と債務者が同一人になったことで混同（民520条）により消滅します。そこで、上記2の転

借権を占有権原とする抗弁は維持できなくなります。

しかしながら、Yは、相続により、Bの賃借権を承継しますから、これを占有権原とする抗弁を新たに提出できることになります（本試験の設問3(1)の解答）。

この場合は、占有権原（賃借権）の要件事実（賃貸借契約の成立、それに基づく引渡し）のほか、相続の要件事実が必要になります。

相続の要件事実は、Yが第1順位の相続人であるため、被相続人が死亡したこと、自己が被相続人の子であること、被相続人の死亡時に自己が生存していたことで足ります。

➡後順位の相続人であれば、先順位相続人がいないことも要件事実になります。

4　B死亡後の再抗弁——賃貸借の解除

	抽象的要件	要件事実
さ	賃借人による無断転貸	B・Y　H24.4.2 建物賃貸借 賃料　月額5万円
し		B→Y　H24.4.2 (さ) に基づく建物引渡し
す		Y　建物使用収益開始
せ	解　除	A→B　H24.7.16 (カ) を解除

A・B間で締結された賃貸借契約が無断転貸を理由に解除（民612条2項）されると、この契約に基づく賃借権は将来に向かって消滅し（民620条）、上記3の占有権原も認められなくなります。そこで、この解除が、占有権原の抗弁に対する再抗弁となります（本試験の設問3(2)の解答）。

解除権の発生要件は、民法612条2項によると、「賃借人が、賃貸人の承諾を得ずに、賃借物を転貸して、第三者に賃借物の使用又は収益をさせたこと」となりますが、このうち、賃貸人の承諾を得なかったことは、判例（大判昭和10年10月12日判決全集2巻23号7頁、大判昭和13年5月12日判決全集5巻11号29頁）によって、賃借人が、その反対事実である「賃貸人の承諾を得たこと」の主張立証責任を負うとされているため、これが再々抗弁に回ります。

そこで、この再抗弁の抽象的要件は、同項の残りの要件である「貸借人が賃借物を第三者に転貸したこと」、「第三者が賃借物の使用収益をしたこと」と、「解除の意思表示をしたこと」になります。

◆5 B死亡後の再々抗弁――転貸の承諾

上記4で説明したとおり、賃借人が賃貸人から転貸の承諾を得たことは再々抗弁となります。

➡なお、本試験の設問によると、このほかに、「背信性の不存在」の再々抗弁が提出されたようです。当該無断転貸につき、賃貸人に対する背信的行為と認めるに足らない事情がある場合は、無断転貸を理由とする解除権は発生しないという判例（最二小判昭和28年9月25日民集7巻9号979頁）によるものです。再抗弁の解除権を発生させない事情であり、再々抗弁となります。Yは、背信性の不存在の評価根拠事実として、YはBの子であること（賃借人と転借人との密接な人的関係）、転貸が非営利的であること（原賃貸と転貸の賃料が同額）、子であるYが借金を返済しやすくするためにした転貸であること（転貸の動機）などを主張しているようですが、一方で、Yが、大学卒業後、就職もせず遊んでおり、貸金業者から約150万円もの借金をしていたこと、Aは、本件建物を賃貸目的で買ったにもかかわらず、長年の友人であるBだからこそ相場より安い賃料で貸していたことなど、背信性の不存在の評価を障害する事実も認められたようです。これらを総合すると、Yの主張する事実がどれも評価根拠事実としては弱いこともあり、本来許されない無断転貸の背信性を否定するだけの事情があるとはいえませんから、背信性の不存在の再々抗弁は認められません（本試験の設問4の解答）。

第４ 平成26年司法試験予備試験論文式試験

［法律実務基礎科目（民事）］

1　事案の概要

Ｘの言い分

私は、平成 15 年 12 月１日、父であるＹから、甲土地の贈与を受けましたが、同土地の名義は、現在もＹのままです。

そこで、私は、Ｙを被告として、甲土地について、贈与を原因とする私への所有権移転登記をすることを求める訴訟を提起しました。

また、私は、Ｙから、平成 15 年 11 月１日、「甲土地上にある建物を取り壊す。取り壊したら、甲土地はお前にただでやる」などと言われ、甲土地の権利証の交付を受け、同年 12 月１日に同土地の引渡しを受け、それから 10 年以上にわたり同土地を占有したことで、取得時効が完成していますから、時効取得を原因とする所有権移転登記をすることを求める請求を追加することとし、上記時効を援用することなどを記載した「訴えの変更申立書」を、平成 26 年２月 28 日より後に、裁判所に提出したところ、これがＹに送達されました。

Ｙの言い分

私は、その所有する甲土地をＸに贈与したのではなく無償で貸したものですから、Ｘの請求は認められません。

2　訴訟物

訴訟物	贈与契約に基づく所有権移転登記請求権 所有権に基づく妨害排除請求権としての所有権移転登記請求権
訴訟物の個数	２個
併合形態	選択的併合

主文・請求の趣旨

被告は、原告に対し、甲土地について、平成 15 年 12 月１日贈与又は同日時効取得を原因とする所有権移転登記手続をせよ。

➡なお、本試験の［設問１］の段階では、贈与を原因とする移転登記請求だけでしたので、「被告は、原告に対し、甲土地について、平成 15 年 12 月１日贈与を原因とする所有権移転登記手続をせよ。」となります（本試験の設問１⑴の解答）。

◈1 訴訟物の個数・併合形態

Xは、当初は、贈与契約に基づく所有権移転登記請求権のみを訴訟物としていましたが、その後、時効取得を原因とする所有権移転登記請求を追加したものです。

➡この追加は、訴えの変更（追加的変更）に当たるため、その申立書は、被告に送達する必要があります（民訴143条3項）。本試験の設問3において、被告の訴訟代理人は、この申立書の副本を受領しており、被告への送達がされたことが示されています。

◈2 贈与を原因とする所有権移転登記請求

不動産を目的とする贈与契約が成立すると、受贈者には、目的物に係る所有権移転登記請求権が発生します。これは、いわゆる債権的登記請求権です。

◈3 時効取得を原因とする所有権移転登記請求

司法研修所は、この請求の訴訟物を、所有権に基づく妨害排除請求権としての所有権移転登記請求権と解しています。

➡もっとも、これは、司法研修所の独自の見解にすぎません（第4章「第4 時効取得を原因とする所有権移転登記請求訴訟」2参照）。登記請求権の法的性質については大昔から学説の議論が続いていますが、その中でも、かなり独特な見解です。このような独自の見解に依拠して司法試験予備試験の問題を作成することには疑問を感じます。

妨害排除請求権は、所有権侵害が継続する限り不断に発生しますから、基準時である口頭弁論終結日（＝現在）にまさに発生した妨害排除請求権が訴訟物になります。

3 贈与契約に基づく所有権移転登記請求

◈1 請求原因

	抽象的要件	要件事実
あ	贈与契約の成立	X・Y　H15.12.1 甲土地贈与

ア 抽象的要件

不動産を目的とする贈与契約が成立すると、受贈者には、目的物に係る所有権移転登記請求権が発生します（民559条・560条）から、請求原因の抽象的要件は、贈与契約が成立したことだけで足ります（本試験の設問1(2)の解答）。

イ　要件事実

贈与の冒頭規定である民法549条によると、贈与契約の成立要件は「目的物を無償で与えることの合意」ですから、要件事実は、「X・Y間で、YがXに甲土地を無償で与える合意をしたこと」となります（本試験の設問1⑵の解答）。

➡なお、Yは、甲土地をXに贈与したのではなく、無償で貸したにすぎないとしていますが、これは、理由を付けて、贈与契約の成立という請求原因事実を否認しているものです（理由付否認）。

◇2　事実認定（本試験の設問4の解答）

本試験の設問によると、XY双方の本人尋問により、次の事実が明らかになっています。

ア　Xに有利な事実（＝贈与があったことを推認させる事実）

⑴　X　甲土地の引渡しを受けた後、その上に、家族が末永く住めるような鉄筋コンクリート造りの建物を、自己の預貯金から3000万円を支出して建築（贈与を受けて自己所有になった土地であるからこそ、その上に、多額の費用をかけて堅固な建物を建築した）。

➡これに対し、Yは、Xに甲土地を相続させようと考えていたため、この建物の建築に異議を述べなかったと供述しています。

⑵　Y　Xに甲土地の登記済証を交付（登記済証は所有者が所持するのが通常）。

➡これに対し、Yは、登記済証の保管をXに依頼したにすぎないと供述しています。

➡なお、現在では、登記済証の制度は廃止されています。

⑶　X　平成16年以降、甲土地に係る固定資産税等を支払う。

⑷　X　平成16年から平成25年までYの面倒をみる（Xは、Yから甲土地の贈与を受けた見返りとしてYの面倒をみていたと主張）。

➡この⑶、⑷に対し、Yは、老後の面倒をみてもらい、固定資産税等の支払もしてもらい、それらの見返りとして、甲土地をXに相続させようと考えていたと供述しています。

⑸　そのほかに、「Y　甲建物から勝手に出ていって、Xの弟であるAとの同居を開始した」という事実が、贈与契約の成立の間接事実にはならないものの、Yの供述の信用性を失わせるという意味で、Xに有利な事実になります。

➡この事実は、贈与契約の成立の間接事実ではないことから、出題者は、この事実を拾うことは要求していないとも考えられます。しかしながら、Xは、Yが虚偽の供述をする動機として、この事実を掲げており、実務的には、重要なポイントになるところです。

➡もっとも、この事実は、Xの供述の信用性をも失わせるものであり、諸刃の剣となっています。Xが、Aとの遺産争いを回避するために、甲土地の贈与をでっち上げる動機ともなり得るからです。

イ Yに有利な事実（＝贈与があったとの推認を妨げる事実）

⑴ X 甲土地の贈与税の申告をしていない。

⑵ X 甲土地の所有権移転登記を経由していない。

⑶ X・Y 甲土地の贈与に係る契約書を作成していない。

4 時効取得を原因とする所有権移転登記請求

1 請求原因

	抽象的要件	要件事実
い	10年の始期における占有	X H15.12.1 甲土地占有
う	10年の終期における占有	X H25.12.1 甲土地占有
え	10年の始期における無過失	Y→X H15.11.1 「甲土地をお前にただでやる。」 Y→X H15.11.1 甲土地の登記済証 交付
お	時効の援用	X→Y H○.○.○ 時効の援用
か	占有以外の態様で所有権を侵害	甲土地にY名義の所有権移転登記

ア 要件事実（本試験の設問2⑵の解答）

請求原因の要件事実は、原告による所有権の取得（＝時効取得）と、被告による所有権の妨害とに、大きく分けられます。

a 時効の完成

短期取得時効の完成の要件は、「他人の物の10年間の占有」、「占有の始期における善意」「占有の始期における無過失」、「所有の意思」、「平穏」、「公然」（民162条2項）ですが、これらのうち、「所有の意思」、「占有の始期における善意」「平穏」、「公然」は、民法186条1項により推定されますから、請求原因の要件事実にはならずに、これらの不存在が抗弁に回ります。

また、判例（最二小判昭和42年7月21日民集21巻6号1643頁、最一小判昭和44年12月18日民集23巻12号2467頁）によると、「他人の物」であることは時効取得の実体要件ではありません（新問研 101 頁）から、要件事実にもなりません。

➡もっとも学者の試験委員が同じように理解しているとは限りません。

残った要件は、「10 年間の占有」、「占有の始期における無過失」になりますが、前者は、その両端の占有を立証すれば、その間の占有が法律上推定される（民 186 条２項）ことから、両端の占有のみを要件事実とすることもできます（そこで、本試験の設問では、両端の占有のみを要件事実としています）。また、本試験の設問は、後者の評価根拠事実として、Ｘの占有開始の１か月前にＹがＸに対し「甲土地はお前にただでやる。」などと言って甲土地の権利証を交付したことを挙げています。

b　時効の援用

時効学説のうちの不確定効果説・停止条件説によると、時効の援用は、時効により不利益を受ける者に対する実体上の意思表示となります。

c　被告による所有権の妨害

被告名義の所有権登記があることで、時効取得をした原告の所有権が妨害されているというのが司法研修所の（独自の）見解です。

口頭弁論終結日（＝現在）に発生した妨害排除請求権が訴訟物になりますから、現在における被告の所有権登記の存在が要件事実になります。

イ　要件事実等

以上の抽象的要件に該当する要件事実（又は評価根拠事実）は、次のとおりになります。

①　Ｘが平成 15 年 12 月１日に甲土地を占有
②　Ｘが平成 25 年 12 月１日に甲土地を占有（本試験設問２⑴の解答）
③　①の際の無過失の評価根拠事実
　㋐　ＹがＸに対し「甲土地はお前にただでやる。」などと発言
　㋑　ＹがＸに甲土地の権利証の交付
④　ＸがＹに対し時効援用の意思表示
⑤　甲土地にＹの所有権移転登記が存在（本試験設問２⑴の解答）

a　②（短期取得時効の完成）について

平成 15 年 12 月１日の翌日から起算して（民 140 条）、10 年後は平成 25 年 12 月１日となります（民 143 条２項）から、同日における占有が要件事実となります。

b　③（占有開始時の無過失）について

③の基準時は平成15年12月1日ですから、③の評価根拠事実は、原則として、同日までに発生した事実に限られます。

➡**例えば、Xが平成16年以降に甲土地の固定資産税等を支払ったという事実は、平成15年12月1日における無過失を根拠付ける事実になりません（本試験の設問2⑶の解答）。**

◇2　抗弁――他主占有権原

	抽象的要件	要件事実
サ	目的物を引き渡し、それを無償で使用及び収益をした後に返還をすることの合意	X・Y　H15.12.1 甲土地　引渡し及び無償使用後の返還合意

ア　概　要

Yは、「甲土地をXに贈与したのではなく無償で貸したものである」と主張しており、「Xの所有の意思の不存在」の主張をしているものと考えられます。

➡**短期取得時効の完成の要件のうち「所有の意思」は、その不存在が抗弁に回ります（上記1アa参照）。**

Xは、使用借権に基づいて占有しているのであれば、所有の意思をもって占有しているとはいえません。

このような場合を「他主占有権原」に基づく占有といい、所有の意思が不存在である場合の類型の1つとされています。

イ　抽象的要件

本問の他主占有権原は使用借権です。そこで、その発生原因として、使用貸借契約の成立の主張立証が必要です。

使用貸借の冒頭規定である民法593条によると、使用貸借契約の成立要件は、①目的物の引渡しの合意、②目的物を無償で使用収益をし、その後に返還することの合意です。

ウ　要件事実

以上の抽象的要件に該当する要件事実は、「X・Y間で、XがYから引渡しを受けた甲土地を無償で使用及び収益をした後にYに返還する合意をしたこと」となります（本試験の設問3の解答）。

第５ 平成27年司法試験予備試験論文式試験

［法律実務基礎科目（民事）］

１　事案の概要

Ｘの言い分

私は、平成 26 年９月１日、Ｙの代理人であるＡから、Ｙの所有する本件土地を、以下の条件で買いました。

⑴　売買代金は 250 万円とする。

⑵　Ｘは、Ｙに対し、同月 30 日、本件土地の所有権移転登記と引き換えに、売買代金全額を支払う。

⑶　Ｙは、Ｘに対し、同月 30 日、本件土地の売買代金の支払と引き換えに、本件土地の所有権移転登記を行う。

私は、同月 30 日、Ａに対し、本件土地の売買代金 250 万円を支払いましたが、Ａ及びＹは、現在に至るまで、本件土地の引渡し及び所有権移転登記に応じません。

そこで、私は、Ｙを被告として、本件土地について、その引渡し及び所有権移転登記を求める訴訟を提起しました。

Ｙの言い分

私は、Ａに対し、本件土地をＸに代金 280 万円以上で売却することの依頼をしたことはありますが、代金 250 万円で売却することを承諾したことはありません。

また、私は、本件土地の売買代金の支払も受けていません。そこで、私は、念のため、Ｙに対し、平成 26 年 11 月１日到着の書面で、１週間以内に売買代金の全額を支払うよう催告した上で、同月 15 日到着の書面で、売買契約を解除するとの通知をしました。

2 訴訟物

訴訟物	売買契約に基づく所有権移転登記請求権及び土地引渡請求権
訴訟物の個数	1個

主文・請求の趣旨（本試験の設問1（1）の解答）

1　被告は、原告に対し、本件土地について、平成26年9月1日売買を原因とする所有権移転登記手続をせよ。 2　被告は、原告に対し、本件土地を引き渡せ。

訴訟物は、本試験の設問において、売買契約に基づく目的不動産の所有権移転登記請求権及び引渡請求権と指定されています。

2つのこと（所有権移転登記、引渡し）を求めていますが、1つの売買契約に基づくものであるため、訴訟物の個数は1個であると考えられています。

3 当事者の主張

1　請求原因

	抽象的要件	要件事実
あ	代理人による売買契約の成立	X・A　H 26.9.1 本件土地売買 代金250万円
い	顕名	A　（あ）の際、Yのためにすることを示す
う	代理権の授与	Y→A　（あ）に先立ち、（あ）の代理権授与

ア　抽象的要件（本試験の設問1⑵の解答）

売買契約に基づく目的不動産の所有権移転登記請求権及び引渡請求権は、売買契約が成立すれば直ちに発生しますから、請求原因では、当該不動産を目的とする売買契約の成立を主張すれば足ります。

ただし、本問では、Yの代理人であるAが意思表示をしていますから、その効果が本人Yに帰属するための要件として、「顕名（本人のためにするとの意思表示）」及び「代理権の授与」が必要となります（民99条1項）。

イ　要件事実

上記の抽象的要件に該当する要件事実は、以下のとおりになります。

①　X・A間で本件土地を目的とし代金を250万円とする売買契約が成立

したこと

② Ａが、①の際、Ｙのためにすることを示したこと

③ Ｙが、①に先立ち、Ａに対し、①の契約をする代理権を授与したこと

➡なお、Ｘは、①の契約書である本件売買契約書を、ＸとＡが作成したものとして証拠提出していますが、Ｙはその成立を争っていませんから、裁判所は、この契約書のＡ作成部分について、Ａが作成したものと認めることができます（設問３⑴の解答）。

➡なお、Ｙは実印を自宅の鍵付きの金庫に保管しているのに、Ａは、Ｙの実印による押印がされた金額欄空欄の本件売買契約書を所持していたそうです。Ｙの実印は他人が使用できないため、Ｙがこの契約書に自ら押印してＡに交付したと認めるべきです（Ｙは、別件でＡに実印を預けたことがあると主張してますが、別件を認める証拠がないため、この主張は採用できません）。

Ａは、Ｙの希望最低額である280万円と大きくは変わらない250万円を代金額とすることでＸと合意しましたが、実印で押印した金額欄空欄の売買契約書をＡに交付したＹとしては、Ａがこのような合意をすることも承諾していたというべきです（本試験の設問３⑵の解答）。

ウ　認　否

Ｙは、本件土地を250万円で売ることの承諾はしていないと主張しており、この額で本件土地を売る代理権を授与したことを否認しています（本試験の設問２⑴の解答（抗弁ではなく否認））。その余の要件事実についても、不知又は否認していると思われます。

◘２　抗弁――売買契約の履行遅滞解除

ア　概　要

売買契約が履行遅滞解除されたことにより、当該売買契約の成立によって発生した所有権移転登記請求権及び目的物引渡請求権が遡及的に消滅したという主張であり、消滅の抗弁となります。

イ　抽象的要件

履行遅滞の実体要件は、履行期までに履行をしなかったことですが、このうち、「履行をしなかったこと」については、その反対事実である「履行をしたこと」が抗弁に回る（大判大正８年７月22日民録25巻1344頁）ため、履行期が経過したことだけが要件事実になると考えられています。

そこで、履行遅滞の要件事実としては、①売買代金の支払期限を定めたことと、②その期限が経過したことが必要となります。

もっとも、履行期限が経過しても、双務契約の反対債務（＝反対当事者の

負う債務）が履行されなければ、同時履行の抗弁の存在効果により、履行遅滞とはならない（最三小判昭和29年7月27日民集8巻7号1455頁）とされていますから、③双務契約の反対債務の履行がされたことも要件事実となります。

また、履行遅滞を理由とする解除をするには、相当の期間を定めてその履行の催告をすることが必要です（民541条）が、相当の期間を定めない催告であっても、催告後客観的に相当な期間が経過すると解除権が発生するとされている（最三小判昭和29年12月21日民集8巻12号2211頁、最二小判昭和31年12月6日民集10巻12号1527頁）ため、解除権発生の要件事実としては、①～③に加え、④催告をしたこと、⑤催告後客観的に相当な期間が経過したことで足りることになります。

解除権の発生後は、⑥解除の意思表示により、売買契約を解除することができます。

ウ　本問の場合

本問では、上記①～⑥の抽象的要件のうち、③が充足されていません。双務契約の反対債務（＝売主の債務。その主たるものは、本件土地の所有権移転登記手続協力義務）が履行されていないからです。

したがって、本問では、この抗弁は成立しないということになります（本試験の設問2(2)の解答）。

➡なお、本問では、Yが、同時履行の抗弁（「Xが売買代金を支払うまでは所有権移転登記・引渡し義務を履行しない」との意思の表明をする抗弁）を提出しているか否かも問題になります。Yは、Xから売買代金の支払を受けていないからです（おそらく、Aが、Xから受領した代金を、Yに渡すことなく横領したものと思われます）。しかし、Yは、この抗弁を提出していないと解されます。この抗弁は、いわゆる権利抗弁であり、上記の意思の表明をすることが必要ですが、Yはこの意思の表明をしていないからです。

第6 平成28年司法試験予備試験論文式試験

［法律実務基礎科目（民事）］

1　事案の概要

Xの言い分

私は、自宅を建設するため、平成27年6月1日、甲土地を、その所有者であったAから、代金1000万円で買い受け、同月30日に代金を支払いました。

ところが、Yが、同年8月上旬頃から、私に無断で甲土地を占有するようになり、現在まで占有を続けています。また、甲土地の登記簿を見ると、A名義であったはずが、同月1日に、同日付け売買を原因としてYの所有権移転登記がされていました。

Yは、Aから甲土地を買ったと主張して、私に対し、この土地を2000万円で買い取るよう求めてきました。Yは、事情を知りながら、甲土地を私に高値で買い取らせる目的で、Aから甲土地を買ったに違いありません。

そこで、私は、Yを被告として、甲土地について、その明渡し及び所有権移転登記を求める訴訟を提起しました。

Yの言い分

私は、平成27年8月1日、甲土地を、その所有者であったAから、代金500万円で買い受け、同日に、その代金を支払い、甲土地の所有権移転登記を経由しました。私は、甲土地を資材置き場として使用しています。

2　訴訟物

訴訟物	所有権に基づく妨害排除請求権としての所有権移転登記請求権 所有権に基づく妨害排除請求権としての土地明渡請求権
訴訟物の個数	2個
併合形態	単純併合

主文・請求の趣旨

1　被告は、原告に対し、甲土地について、真正な登記名義の回復を原因とする所有権移転登記手続をせよ。
2　被告は、原告に対し、本件土地を明け渡せ。

1　概　要

Xは、所有者として、甲土地を完全に支配できるはずなのに、Yによってそれが侵害されていますから、XのYに対する物権的請求権が発生しています。

物権的請求権は不断に発生していますから、まさに口頭弁論終結日に発生した物権的請求権を訴訟物とします。

2　土地明渡請求

Yは甲土地を占有していますから、Xは、物権的請求権の３類型のうち、返還請求権を行使し、Yに対し、甲土地の返還（＝明渡し）を求めることができます。

3　移転登記請求

Yは、甲土地に所有権移転登記をすることにより、占有以外の態様で、Xによる甲土地の完全支配を妨害していますから、Xは、物権的請求権の３類型のうち、妨害排除請求権を行使し、Yの所有権移転登記の抹消を求めることができます。

Yの所有権移転登記を抹消すると、甲土地はA名義に戻ります。Xは、その後、A・X間の売買を原因として、甲土地に自らの所有権移転登記をすることができるというわけです。もっとも、こういう２度の登記手続をせずに、ダイレクトにYからXへと名義移転ができれば便利です。そこで、この２度の登記手続に代えて、「真正な登記名義の回復」という登記原因によって、YからXへの所有権移転登記をすることが登記実務上認められています。本問のXも、このダイレクトの所有権移転登記を求めているのです。

4　訴訟物の個数・併合形態

訴訟物は以上の２個であり、Xは両方の請求が認容されることを求めていますから、併合形態は単純併合となります。

5　民事保全

本訴訟の係属中に、Yが、甲土地の登記名義を第三者に移転したり、甲土地を第三者に引き渡したりしてしまうリスクは否定できません。そこで、Xは、Yが甲土地の登記名義を第三者に移転しないように甲土地の処分禁止の仮処分をすると共に、Ｙが甲土地を第三者に引き渡さないように甲土地の占有移転禁止の仮処分をしておく必要があります（本試験の設問１⑴の解答）。

3　甲土地の明渡請求についての当事者の主張

➡本問の設問では、当事者の主張については、甲土地の明渡請求についてのみ尋ねられていることから、以下は、甲土地の明渡請求のみを対象とし、甲土地の所有権移転登記請求についての説明を省略します。

1　請求原因

	抽象的要件	要件事実
あ	原告の前主の所有	Ａ　Ｈ27.6.1 当時 甲土地所有
い	前主から原告への所有権 移転原因	Ａ・Ｘ　Ｈ27．6．1 甲土地売買 代金 1000 万円
う	被告の占有	Ｙ　甲土地占有

ア　概　要

口頭弁論終結日にまさに発生した返還請求権が訴訟物ですから、その発生要件は「原告の現在の当該物の所有」と「被告の現在の当該物の占有」になりますが、前者は、被告の権利自白の態様によって主張内容が異なります。

イ　Ｘの現在の所有

本問では、Ｙが、Ａの平成27年６月１日当時の甲土地所有を認めていると解されますから、これが権利自白により確定します。そこで、Ｘは、同日にＡから甲土地を買ったことを主張立証すれば、甲土地の所有権がＡからＸに移転したことが認められ、請求原因段階では、それが現在まで存続していることになります。

ウ　Ｙの現在の所有

Ｙが甲土地を現在占有していることが要件事実になります。

➡本試験の設問１⑶の解答は、「Ａは、Ｘに対し、平成 27 年６月１日、甲土地を代金 1000 万円で売った。」と「Ｙは、甲土地を占有している。」となります。

2 抗弁――対抗要件具備による所有権喪失

	抽象的要件	要件事実
カ	前主から被告への所有権移転原因	A・Y H 27.8.1 甲土地売買 代金 500 万円
キ	被告による対抗要件具備	Y H 27.8.1 甲土地につき、(カ) に基づく 所有権移転登記

ア 概 要

Yは、自分もAから甲土地を譲り受けたから、Xとは二重譲渡の譲受人同士の関係にあり、かつ、自分が先に対抗要件を具備したから、甲土地の所有関係は、自分がXに優先すると主張しています。

甲土地の所有関係においてYがXに優先した後は、XのYに対する物権的請求権は発生しません。そこで、この抗弁は、現在におけるXのYに対する物権的請求権の発生を障害するものとして、障害の抗弁となります。

イ 要件事実

要件事実は、①A・Y間で甲土地の売買契約が成立したこと、②この売買契約に基づいてYが甲土地の所有権移転登記をしたこととなります。

3 再抗弁――背信的悪意者

	抽象的要件	要件事実等
さ	第二譲受人の悪意	Y 甲土地を買い受けた際 A・X売買を知っていた
し	第二譲受人の背信性	Y Xに甲土地を高値で買い取らせる 目的で甲土地購入

ア 概 要

二重譲受人の優劣は、先に対抗要件を具備した者が優先するのが原則ですが、その者が背信的悪意者であれば、相手方の対抗要件の欠缺を主張する正当な利益を有しません(最三小判昭和40年12月21日民集19巻9号2221頁)から、相手方に優先し得ないことになります。

そこで、Yが背信的悪意者であることが再抗弁になります。

➡上記２の抗弁は、Yの優先性により、XのYに対する物権的請求権の発生を障害する

ものですが、本再抗弁は、そのＹの優先性を否定することで、上記抗弁による法律効果の発生を障害するものです。

イ　規範的要件性

「背信的悪意」は、「悪意」と「背信性」に分けることができます。

➡本試験の設問３の解答は、この前者である「Ｙは、本件第２契約の際、本件第１契約の成立を知っていた。」となります。

「背信性」は、いわゆる規範的要件ですから、Ｘがその評価根拠事実を、Ｙがその評価障害事実を、それぞれ立証し、これらを総合して、裁判所が、Ｙの「背信性」の有無を判断することになります。

➡もっとも、本問では、背信性の評価根拠事実として、「Ｙは、Ｘに甲土地を高値で買い取らせる目的で、甲土地を購入した」という事実が主張されるにとどまり、また、評価障害事実の主張はされていません。

➡なお、Ｙが悪意であったことは、それをＡから聞いたとするＸの供述がその証拠となります。Ａからの伝聞であることも考慮すると、この供述を直ちに信用することはできませんが、他方で、このＸの供述は、客観証拠である念書によって裏付けられている部分もあります。また、現在、Ａとは連絡が取れなくなっており、Ａ自身の尋問ができないため、Ａから話を聞いたＸの供述によるしかありません。さらに、甲土地の価格は1000万円程度であるのに、500万円という不自然な低価格で売買が成立していることからも、Ａが事情を話した上でＹに甲土地を売却していることが推認されます。

　上記念書は、背信性（Ｘに甲土地を高値で買い取らせる目的の存在）の証拠にもなります。Ｙは、甲土地を資材置場として使用しているなどと言いながら、実際には、甲土地を占有するために資材を置いているにすぎない状況にあり、自己使用の必要のない転売目的の購入であることがうかがわれます。また、Ｙが、甲土地上に、意味もなく資材を置いているのは、Ｘによる甲土地の使用を妨害するためであり、この資材の撤去や登記の抹消と引き換えに、Ｘから多額の金員を得ようとする狙いもうかがわれます（本試験の設問４の解答）。

第7 平成29年司法試験予備試験論文式試験

[法律実務基礎科目(民事)]

1 事案の概要

Xの言い分

私は、Bから、平成28年5月1日、本件壺を買いました。Bの話によると、Bは、この壺を平成27年3月5日にAから100万円で買い、引渡しを受けたそうです。

私は、売買の当日(平成28年5月1日)、Bに、代金150万円を支払いましたが、電車で来ていたので、壺はBに預かってもらい、後日引き取りに行くことにしました。

ところが、後日、壺を引き取りに行ったところ、Bは、これをYに売ってしまったから、自分の所にはないと言うのです。そこで、次に、Yの所に行くと、本件壺はありましたが、Yは、それを私に引き渡してくれません。

そこで、私は、Yを被告として、本件壺の引渡しを求める訴訟を提起しました。

Yの言い分

私は、平成28年5月15日、本件壺を、その所有者であったAから、代金150万円で買い受け、同日に、その代金を支払い、Aと一緒にB方に行き、Aから本件壺の引渡しを受けました。

2 訴訟物

訴訟物	所有権に基づく返還請求権としての動産引渡請求権

主文・請求の趣旨

被告は、原告に対し、本件壺を引き渡せ。

1 概要

Xは、所有者として、本件壺を完全に支配できるはずなのに、Yによってそれが侵害されていますから、XのYに対する物権的請求権が発生しています。

物権的請求権は不断に発生していますから、まさに口頭弁論終結日に発生した物権的請求権を訴訟物とします。

Ｙは本件壺を占有していますから、Ｘは、物権的請求権の３類型のうち、返還請求権を行使し、Ｙに対し、本件壺の返還（＝引渡し）を求めることができます。

したがって、本件訴訟の訴訟物は「所有権に基づく返還請求権としての動産引渡請求権」となります（本試験の設問１(2)の解答）。

2　民事保全

本訴訟の係属中に、Ｙが、本件壺を第三者に引き渡してしまうリスクは否定できません。そこで、Ｙが本件壺を第三者に引き渡さないように本件壺の占有移転禁止の仮処分をしておく必要があります（本試験の設問１(1)の解答）。

3　当事者の主張

1　請求原因（本試験の設問１(3)の解答）

	抽象的要件	要件事実
あ	原告の前々主の所有	A　H 27.3.5 当時 本件壺所有
い	前々主から前主への所有権 移転原因	A・B　H 27.3.5 本件壺売買 代金 100 万円
う	前主から原告への所有権 移転原因	B・X　H 28.5.1 本件壺売買 代金 150 万円
え	被告の占有	Y　本件壺占有

ア　概　要

口頭弁論終結日にまさに発生した返還請求権が訴訟物ですから、その発生要件は「原告の現在の当該物の所有」と「被告の現在の当該物の占有」になりますが、前者は、被告の権利自白の態様によって主張内容が異なります。

イ　Ｘの現在の所有

本問では、Ｙが、Ａの平成27年３月５日当時の本件壺所有を認めていると解されますから、これが権利自白により確定します。そこで、Ｘは、同日にＡがＢに本件壺を売ったことと、平成28年５月１日にＢがＸに本件壺を売ったことを主張立証すれば、本件壺の所有権がＡ→Ｂ→Ｘと移転したことが認められ、請求原因段階では、Xの所有権が現在まで存続していることになります。

ウ Yの現在の占有

Yが本件壺を現在占有していることが要件事実になります。

2 別の請求原因の可能性――即時取得

	抽象的要件	要件事実
カ	前主との取引行為	B・X　H 28.5.15 本件壺売買 代金 150 万円
キ	(カ) による占有の開始	B→X　H 28.5.15 (カ) に基づく本件壺の引渡し
ク	被告の占有	Y　本件壺占有

ア 概 要

Xは、Bとの取引行為によって動産である本件壺を取得しています。そこで、Xは、本件壺を即時取得したとの主張ができないか検討してみたようです。

イ 要件事実

即時取得の要件事実は、取引行為により占有を開始したこと（＝取引行為をし、その目的物の引渡しを受けたこと）です（第６章「第２　所有権に基づく動産引渡請求訴訟」４d 参照）。具体的には、①B・X間で本件壺の売買契約が成立したこと、②この売買契約に基づいてXがBから本件壺の引渡しを受けたことです。

ウ 即時取得にいう「引渡し」

本問で、Xは、Bから、本件壺の「現実の引渡し」は受けておらず、「占有改定」（＝Bに壺を預かってもらった）により占有を取得したにとどまりますが、その場合、即時取得は成立しないとするのが判例（最二小判昭和 32 年 12 月 27 日民集 11 巻 14 号 2485 頁、最一小判昭和 35 年 2 月 11 日民集 14 巻 2 号 168 頁）です。

そこで、Xは、即時取得の主張をすることを断念したようです。

3　抗弁――所有権喪失

	抽象的要件	要件事実
さ	前主との取引行為	A・Y　H 28.5.15 本件壺売買 代金 150 万円
し	（さ）による占有の開始	A→Y　H 28.5.15 （さ）に基づく本件壺の引渡し

ア　概　要

Xが本件壺の所有権を取得しても、その後、Yが、本件壺の所有権を即時取得すれば、これによりXは本件壺の所有権を喪失します。

Xが所有権を喪失すれば、訴訟物であるXの現在の所有権に基づく返還請求権は発生しませんから、本抗弁は発生障害の抗弁となります。

イ　要件事実

即時取得の要件事実は、上記2イのとおり、取引行為により占有を開始したこと（＝取引行為をし、その目的物の引渡しを受けたこと）であり、具体的には、①A・Y間で本件壺の売買契約が成立したこと、②この売買契約に基づいてYがAから本件壺の引渡しを受けたことです。

4　別の抗弁の可能性――対抗要件具備による所有権喪失の抗弁

	抽象的要件	要件事実
タ	前主から被告への所有権 移転原因	A・Y　H 28.5.15 本件壺売買 代金 150 万円
チ	被告による対抗要件具備	A→Y　H 28.5.15 （タ）に基づく本件壺の引渡し

ア　概　要

Yは、自分もAから本件壺を譲り受けたから、Bとは二重譲渡の譲受人同士の関係にあり、かつ、自分が対抗要件を具備したから、本件壺の所有関係は、自分がXに優先するとの主張ができないか検討したようです。

➡動産の場合の対抗要件は引渡しです（民 178 条）。

本件壺の所有関係においてYがBに優先していれば、XのYに対する物権的請求権は発生しません。そこで、この抗弁は、現在におけるXのYに対する物権的請求権の発生を障害するものとして、障害の抗弁となります。

イ 要件事実

要件事実は、①A・Y間で本件壺の売買契約が成立したこと、②この売買契約に基づいてYがAから本件壺の引渡しを受けたことになります。

ウ 再抗弁

ところが、本問では、実は、YがAから引渡しを受けるより前に、BもAから引渡しを受けています。

したがって、本問では、Bも対抗要件を具備したことになりますが、そのことは、上記抗弁に対する再抗弁に当たると考えられています。

➡上記抗弁は、Yの優先性により、XのYに対する物権的請求権の発生が障害されるとしていたものですが、本再抗弁は、そのYの優先性を否定することで、上記抗弁による法律効果の発生を障害するものです。

このように、本問では、対抗要件具備による所有権喪失の抗弁を提出したとしても、これに対して、上記再抗弁が提出されるだけです。

そこで、Yは、上記抗弁の提出を断念したようです。

5 XのBに対する代金の支払の有無

➡本問では、XがBに本件壺の代金150万円を支払ったかどうかも問題になっているようです。

Bの記名押印のある領収証はありますが、Bはこれが偽造されたものであると主張しています。またBの押印は三文判によるもので、この三文判がBの印鑑である証拠もありません。そうすると、この領収証は、Bが作成したものであるとの推定（民訴228条4項）がされず、また、他に、これをBが作成したと認める証拠もありませんから、Bが作成したものと認めることはできず、形式的証拠力が否定されます（本試験の設問3⑴の解答）。

XのBに対する代金の支払を確認させる間接事実としては、代金を支払ったとされる平成28年5月1日に、Xが、その預金口座から150万円を引き出したこと（預金の取引履歴により客観的に証明することができる）、Bが、その翌日に、Aに借金200万円を返済しているが、ここにはXから受領した現金150万円が含まれていると考えられることなどがあります。なお、Bは、Aへの借金の返済の原資は、親のタンス預金であると供述しているようですが、200万円ものタンス預金をしていることは通常はないため、この供述は直ちに信用することはできないというべきです。

第８ 平成30年司法試験予備試験論文式試験

［法律実務基礎科目（民事）］

1　事案の概要

Ｘの言い分

私は、平成 27 年９月 15 日、友人であるＹに 100 万円を貸しました。その際、Ｙは、『100 万円借り受けました。平成 28 年９月 30 日までに必ず返済します。』と書いた借用証書を準備しており、これを私に渡し、私も、その内容を了解して、Ｙに現金 100 万円を渡しました。なお、友人同士でもあり、利息を支払ってもらう話は出ませんでした。ところが、返済期限が過ぎても、Ｙは一向に返済しません。私は、直ちに 100 万円を返してほしいですし、返済が遅れたことについての損害金も全て支払ってほしいです。

Ｙは、現在、顧客であるＡに対して 80 万円の売買代金債権を持っているものの、それ以外にめぼしい資産はないようです。

Ｙの言い分

私は、確かに、Ｘが言うとおり、Ｘから 100 万円を借りましたが、平成 28 年９月 30 日に全額返済しています。

また、私は、Ｘに対し、平成 24 年 10 月１日、カメラを８万円で売り、同日、そのカメラを引き渡しました。そのため、私は、Ｘに対し、少なくとも８万円分を支払う必要はないと思います。

2　訴訟物

訴訟物（本試験の設問１⑵の解答）	消費貸借契約に基づく貸金返還請求権 履行遅滞に基づく損害賠償請求権
訴訟物の個数	２個

主文・請求の趣旨（本試験の設問１⑶の解答）

被告は、原告に対し、100 万円及びこれに対する平成 28 年 10 月１日から支払済みまで年３％の割合による金員を支払え。

1　概要

消費貸借契約に基づく貸金返還請求訴訟の事例です。

本問は、司法試験予備試験論文式試験法律実務基礎科目で初めて附帯請求について尋ねられた問題であり、以後、予備試験においても附帯請求を押さえておく必要があるということで受験生の認識は一致しています。

2　附帯請求

⑴　附帯請求とは、本問の履行遅滞に基づく損害賠償請求のように、利息・遅延損害金等を、その発生原因をなす債務に係る請求（本問でいえば貸金返還請求）と同一の訴えで請求する場合をいいます（民訴９条２項参照）。

⑵　遅延損害金の利率は、その約定がない場合は年３％となります（民419条１項・404条２項）。

⑶　本問の訴訟物の個数は、主請求（＝貸金返還請求）と附帯請求があることから、２個となります。

3　民事保全

Ｙは、Ａに対する売買代金請求権を有している以外には、めぼしい資産がないというのですから、この債権の仮差押えをしておく必要があります。これをしなければ、Ｙは、この債権を第三者に譲渡するなどして処分してしまうかもしれませんし、また、Ａは、Ｙに対して弁済をしてしまうかもしれないからです（本試験の設問１⑴の解答）。

第3　当事者の主張

1　主請求の請求原因

	抽象的要件	要件事実
あ	金員の返還約束	X・Y　H 27.9.15 100 万円返還合意
い	金銭の交付	X→Y　H 27.9.15 100 万円交付
う	返還時期の合意	X・Y　H 27.9.15 (あ) の際、返還時期をＨ 28.9.30 とする合意
え	返還時期の到来	H 28.9.30　到来

➡附帯請求の請求原因の抽象的要件は、主請求の抽象的要件に加えて、①返還時期の経過、②その後の遅延損害金の発生期間の経過ですが、②は主張を省略するのが通例ですので、①の要件事実として、平成 28 年９月 30 日の経過を主張すれば足ります。

ア　抽象的要件

貸金返還請求の請求原因の抽象的要件は、司法研修所説に従うと、①消費貸借契約の成立、②当該消費貸借契約において返還時期の合意がされたこと、③当該返済時期が到来したこととなります。

①は、消費貸借の冒頭規定である民法 587 条によると、「金員の返還約束」及び「金員の交付」が契約の成立要件となります。

イ　要件事実

上記抽象的要件に該当する要件事実は次のようになります（本試験の設問１⑷の解答）。

①　平成 27 年９月 15 日に、X・Y 間で、100 万円の返還合意がされ、X が Y に 100 万円を交付したこと

②　①において返還時期を平成 28 年９月 30 日と合意したこと

③　平成 28 年９月 30 日が到来したこと

⊡２　抗弁――弁済

	抽象的要件	要件事実
カ	当該債務の本旨に従った給付	Y→X　H 28. 9.30 100 万円　支払
キ	（カ）が当該債務の履行であること	（カ）は当該貸金返還債務の履行

ア　抽象的要件

弁済の抗弁においては、①当該債務の本旨に従った給付がされたことに加え、②①が当該債務の履行としてされたことの主張も必要であるとされています。

イ　要件事実

上記抽象的要件に該当する要件事実は次のようになります。

①　Y が、X に、平成 28 年９月 30 日、100 万円を交付したこと

②　①が当該貸金返還債務の履行としてされたこと

➡これらをまとめると、「Y は、X に対し、平成 28 年９月 30 日、当該貸金返還債務の履行として、100 万円を支払った。」などとなります（本試験の設問２⑴の解答）。

➡なお、本試験の問題文によると、Ｙは、Ｘから受領した領収証を証拠として提出することができずにいます。しかし、それは、１年以上も前に受領した領収証を、その後に転居した際に紛失したからのようです。他方、Ｙが平成28年9月30日に自らの預金から100万円を引き出したことが証拠から認められることからすると、上記①の事実は認められる可能性もありそうです（本試験の設問4）。

3　抗弁——相殺

	抽象的要件	要件事実
サ	自働債権の発生原因	Ｙ・Ｘ　Ｈ24.10.1 カメラ　売買 代金８万円
シ	反対債務の履行	Ｙ→Ｘ　Ｈ24.10.1 カメラ　引渡し
ス	相殺の意思表示	Ｙ→Ｘ　Ｈ30. 2. 2 （サ）の代金支払請求権と（あ）（い）の貸金債権とを相殺

ア　概　要

(1)　Ｙは、弁済の抗弁が認められないことを慮って、相殺の抗弁を提出しています。

➡当事者には抗弁の判断順序の指定権はないため、裁判所は、弁済の抗弁より先に相殺の抗弁を判断しても違法ではありません。しかし、相殺の抗弁は自働債権の犠牲を伴うものであるため、その余の抗弁を全て排斥した後にその成否の判断がされるのが通例です。

(2)　相殺が認められても訴訟物たる貸金返還請求権のうち８万円が消滅するだけですから、これは一部抗弁です。

イ　抽象的要件

相殺の自働債権は、カメラを目的とする売買の代金支払請求権であり、その発生原因が要件事実となりますが、同請求権は売買契約が成立すれば直ちに発生しますから、その発生原因としては売買契約の成立を主張すれば足ります。

また、自働債権に抗弁権が付着したままでは相殺ができません（民505条１項ただし書）から、自働債権に付着している同時履行の抗弁権を覆滅させておく必要があります（大判昭和13年３月１日民集17巻318頁）。そこで、そのために、反対債務の履行又はその提供をしたこと、すなわち、当該売買の目的物であるカメラの引渡し又はその提供がされたことも要件事実となります。

さらに、相殺の意思表示も必要です。訴訟上の相殺であっても、その意思表示は相手方当事者に対してするものと考えられています。

ウ　要件事実

上記抽象的要件に該当する要件事実は次のようになります。

① Yが、Xに対し、平成24年10月1日、カメラを代金8万円で売ったこと

② Yが、Xに対し、平成24年10月1日、上記カメラを引き渡したこと

③ Yが、Xに対し、平成30年2月2日、上記①の代金支払請求権と本件貸金債権とを対当額で相殺する意思表示をしたこと（本試験の設問2(2)の解答）

エ　消滅時効の再抗弁の成否

自働債権である代金支払請求権は、売買契約の成立日から5年後である平成29年10月1日の経過により、消滅時効が完成している可能性があります（民166条1項1号参照）が、仮にそうであったとしても、その前である平成28年9月30日に相殺適状になっていますから、この債権を自働債権とする相殺をすることができます（民508条）。したがって、自働債権の時効消滅は再抗弁となり得ません（本試験の設問3の解答）。

第9 平成31年司法試験予備試験論文式試験

[法律実務基礎科目(民事)]

1 事案の概要

Xの言い分

Aは、Bに対し、平成29年9月1日、弁済期を平成30年6月15日、無利息で損害金を年10%として、200万円を貸し付けました。AとBは、平成29年9月1日、上記の内容があらかじめ記載されている「金銭借用証書」との題の書面に、それぞれ署名・押印をしました(以下「本件借用証書」といいます。)。本件借用証書には、「Yが、BのAからの上記の借入れにつき、Aに対し、Bと連帯して保証する。」旨の文言も記載されていました。AがBから聞いたところによると、Yは、Bのいとこであり、あらかじめ、本件借用証書の「連帯保証人」欄に署名・押印をしてBに渡しており、平成29年9月1日に上記の借入れにつき、Bと連帯して保証したとのことです。Aは、Yの保証意思を確認するため、同年8月下旬、Yの自宅に、確認のための電話をしたところ、Y本人とは話をすることができませんでしたが、電話に出たYの母親に保証の件について説明したら、『Yからそのような話を聞いている。』と言われたとのことです。

ところが、弁済期である平成30年6月15日を過ぎても、BもYも、Aに何ら支払をしません。

私は、平成31年1月9日、この200万円の貸金債権とこれに関する遅延損害金債権を、代金200万円で、Aから買い受けました。Aは、Bに対し、私にこれらの債権を売ったことを記載した内容証明郵便(平成31年1月11日付け)を送り、同郵便は同月15日にBに届いたとのことです。私は、貸金の元金だけでなく、その返済が遅れたことについての損害金全てにつき、Yから回収したいと考えています。

なお、Yは甲土地を有していますが、それ以外にめぼしい財産はありません。

Yの言い分

私は、Bの債務を保証していません。私は、本件借用証書の「連帯保証人」欄に氏名を書いていませんし、誰かに指示して書かせたこともありません。同欄に押されている印は、私が持っている実印によるものですが、私の家に泊まりに来たBが、私の実印を見つけ出し、勝手に押したものであり、私が押したり、また、誰かに指示して押させたりしたこともありません。
　Ｂによると、この 200 万円の借入れの際、ＡとＢは、ＡのＢに対する債権をＡは他の者には譲渡しないと約束し、Ｘも、債権譲受時に、そのような約束があったことを知っていたとのことです。
　また、Ｂは、乙絵画を所有していたのですが、平成 31 年３月１日、乙絵画をＸの自宅に持っていって、Ｘに譲り渡したとのことです。Ｂは、200 万円の借入れとその損害金の支払に代えて、乙絵画を譲り渡したに違いありません。

2　訴訟物

訴訟物	Ａ・Ｙ間の保証契約に基づく保証債務履行請求権（本試験の設問１⑴の解答）
訴訟物の個数	１個

主文・請求の趣旨（本試験の設問１⑵の解答）

被告は、原告に対し、200 万円及びこれに対する平成 30 年６月 16 日から支払済みまで年 10％の割合による金員を支払え。

◆1　概要

Ｘは、保証人であるＹに対し、保証債務の履行を請求しています。
主債務は、貸金返還債務と、その履行遅滞に基づく損害賠償債務の２つですが、保証人は、これらの債務を１つの保証債務で保証しています（民 447 条１項）から、訴訟物の個数は１個になります。

◆2　訴訟物の表記

本問では、原告が保証契約の当事者ではありませんから、訴訟物を表記する際に、契約当事者が誰であるかを明らかにします。

◆3　民事執行

Ｙは、甲土地を所有している以外には、めぼしい財産がないようですから、Ｘは、本訴訟の確定勝訴判決を得た後は、それに執行文を付与した上、甲土地を目的とする強制競売の申立てをする必要があります（本試験の設問１⑷の解答）。

3 当事者の主張

1 主請求の請求原因

	抽象的要件	要件事実
あ	金銭の返還約束	A・B H 29.9.1 200 万円返還合意
い	金銭の交付	A→B H 29.9.1 200 万円交付
う	返還時期の合意	A・B H 29.9.1 (あ)の際、返還時期をH 30.6.15 とする合意
え	保証の合意	A・Y H 29.9.1 (あ)(い)の貸金債務を保証
お	保証の合意の書面性	(え)は書面による
か	返還時期の到来	H 30.6.15 到来
き	債権の譲渡原因(債権の売買)	A・X H 31.1.9 (あ)(い)の貸金債権売買 代金 200 万円

➡附帯請求の請求原因は、主請求の請求原因に加えて、①返還時期の経過、②損害額を年 10%の利率とする合意、③遅延損害金の発生期間ですが、③については、主張を主略するのが通例であるため、①②に係る要件事実として、平成30年6月15日の経過と、(あ)の際に遅延損害金の利率を 10%とする合意をしたことを主張すれば足ります。
➡本試験の問題文中にある「貸し付けた」とは、(あ)と(い)の両方を含んだものです。

ア 概 要

保証と債権譲渡が組み合わされているため複雑な構成になっています。

まずは、AのYに対する保証債務履行請求権が発生し、その後、主債務に係る債権がAからXに譲渡されたことで、その随伴性により、XのYに対する保証債務履行請求権が発生したものです。

イ 抽象的要件

a AのYに対する保証債務履行請求権の発生原因

保証債務履行請求権は、保証契約の成立によって発生しますが、保証契約は書面でされたことが成立要件とされているため、①保証の合意がされたことに加え、②書面性(保証の合意が書面によってされたこと)も必要となります。また、主債務が存在しなければ、保証債務も存在し得ません(成立の付従性)

から、主債務の存在（＝主債務の発生原因）も必要です。

b　主債務の発生原因

本問の主債務は貸金返還債務とその遅延損害金債務です。このうち、貸金返還債務の発生原因は、司法研修所説に従うと、①消費貸借契約の成立、②当該消費貸借契約において返還時期の合意がされたこと、③当該返還時期が到来したこととなります。

①は、消費貸借の冒頭規定である民法587条によると、「金員の返還約束」及び「金員の交付」が消費貸借契約の成立要件となります。

c　債権譲渡

Ｘは、Ａから、貸金債権を譲り受けていますが、これにより、保証債権もＡからＸに移転します。これを随伴性といいます。

ウ　要件事実

上記抽象的要件に該当する要件事実は次のようになります（本試験の設問1⑶の解答）。

①　Ａ・Ｂ間で、平成29年９月１日、200万円の返還合意がされ、ＡがＢに200万円を交付したこと

②　①において返還時期を平成30年６月15日と定めたこと

③　Ｙが、Ａに対し、平成29年９月１日、①の貸金債務を保証したこと

➡なお、本件借用証書には、Ｙの実印による押印があることから、同書面のＹ作成部分の成立の真正が推定されます。ＡがＹの母からＹの保証意思を確認していることも考慮すると、いとこであるＢがＹの家に泊まったというだけでは、この推定が覆滅したとまではいえません。そうすると、同書面により③の事実が認められそうです（本試験の設問４）。

④　③が書面によること

⑤　②の返還時期である平成30年６月15日が到来したこと

⑥　Ａが、Ｘに対し、平成31年１月９日、①の貸金債権を200万円で売ったこと

◇２　抗弁――譲渡制限の意思表示につき悪意

ア　概　要

本問の貸金債権には、譲渡制限の意思表示がされており、しかも、同債権の譲受人であるＸは、それを知っていたというのです。

譲渡制限の意思表示のある債権であっても譲渡することはできます（民466条２項）が、債務者は、悪意の譲受人に対し、債務の履行を拒絶するこ

とができます（民466条3項）。

この履行拒絶の主張は、請求権の存在は認めながら、その行使を阻止するというものですから、阻止の抗弁となります。また、履行を拒絶するとの意思の表明が必要である権利抗弁であると考えられています。

そして、保証人は、主債務の阻止事由を抗弁とすることができます（民457条2項）から、主債務者であるBのみならず、保証人であるYも、上記抗弁を提出することができます（本試験の設問2(1)の解答）。

イ　抽象的要件及び要件事実

当該債権に譲渡制限の意思表示がされ、そのことを債権譲受人が知っていたことのみならず、この抗弁を行使するとの意思の表明も必要ですから、これらの抽象的要件に該当する要件事実は次のようになります。

① AとBが、平成29年9月1日、消費貸借契約締結の際に、当該貸金債権の譲渡を禁止するとの合意をしたこと

② Xが、上記貸金債権を譲り受けた際に、上記合意を知っていたこと

③ 本件保証債務の履行を拒絶するとの意思の表明

◘3　抗弁――代物弁済

ア　概　要

主債務が代物弁済により消滅したとの主張です。保証人は、主債務の消滅事由を抗弁とすることができます（民457条2項）から、保証人であるYも、この抗弁を提出することができます。

イ　抽象的要件

代物弁済契約とは、本来の給付に代えて、他の給付をすることにより、当該債務を消滅させる契約をすることです（民482条）。本問では、動産である絵画の所有権を移転することが「他の給付」です。そのため、代物弁済契約時に債務者が当該動産を所有していたことが要件となります。

代物弁済契約をしただけでは、債務は消滅せず、実際に「他の給付」をして初めて、債務が消滅します（民482条）。代物が動産である場合、当該代物の引渡しをして初めて、「他の給付」をしたということができます（本試験の設問2(3)の解答）。

ウ　要件事実

以上の抽象的要件に該当する要件事実は次のようになります。

① Bは、平成31年3月1日、乙絵画を所有していたこと（本試験の設問

2⑵の解答）

② ＢとＸは、同日、本件貸金返還債務及び遅延損害金債務の弁済に代えて、乙絵画の所有権を移転するとの合意をしたこと

③ Ｂは、同日、Ｘに対し、乙絵画を引き渡したこと

4　債務者対抗要件の抗弁の成否

ＡからＸへの債権譲渡は、保証債務者Ｙに対し通知されていませんから、Ｙがいわゆる債務者対抗要件の抗弁を提出することができるかも問題になります。しかし、上記債権譲渡は主債務者Ｂには通知されています。債務者について対抗要件が具備されれば、その債務を主債務とする保証債務についても、当然に対抗要件が具備されたと解されています（大判明治39年３月３日民録12輯435頁、大判大正元年12月27日民録18輯1114頁）から、Ｙについても対抗要件は具備されています。したがって、債務者対抗要件の抗弁は、提出しても、対抗要件具備の再抗弁で返されてしまうだけです（本試験の設問３の解答）。

第10 令和２年司法試験予備試験論文式試験

[法律実務基礎科目(民事)]

1 事案の概要

Xの言い分

私は、令和２年５月１日、Ａから、甲土地を買いました。代金は500万円、売買代金の支払時期及び所有権移転登記の時期をいずれも同月20日とし、代金の完済時に所有権が移転するとの約定とし、同月20日に売買代金を支払いました。なお、所有権移転登記については、私の兄のＢの名義で所有権移転登記を経由することにしました。

ところが、私が、令和７年７月上旬頃、甲土地の登記事項証明書を取り寄せてみたところ、原因を令和２年８月１日金銭消費貸借同日設定、債権額を600万円、債務者をＢ、抵当権者をＹとする抵当権設定登記（以下「本件抵当権設定登記」といいます）がされていることが判明しました。

そこで、私は、Ｙに対し、本件抵当権設定登記の抹消手続を求めたいと考え、令和８年１月15日、Ｙを被告とする訴訟を提起しました。

なお、ＹのＢに対する貸金債権は、既に消滅時効が完成していますから、私は、この時効の援用もしたいと思います。

Yの言い分

Ａが令和２年５月１日に甲土地の所有者であったことは認めます。

私は、令和２年８月１日、Ｂに対し、返済期限を同年12月１日、無利息で600万円を貸し付け、同年８月１日、Ｂとの間で、この貸金債権を被担保債権として、甲土地に抵当権を設定するとの合意をしました。ところが、Ｂは、令和４年12月１日に100万円を返済し、令和７年12月25日に200万円を返済したのみで、それ以外の返済をしません。

Ｂは、上記貸付けの際、甲土地の登記事項証明書を持参していましたが、それにはＢが所有名義人と記載されていましたので、私は、Ｂが甲土地の所有者であると信じて、上記貸付けをし、抵当権の設定を受けたのです。仮にＸが甲土地の買主であったとしても、Ｘの意思でＢ名義の所有権移転登記がされたことは明らかですので、今回の責任はＸにあることになります。

2　訴訟物

訴訟物（本試験の設問１(1)の解答）	所有権に基づく妨害排除請求権としての抵当権設定登記抹消請求権
訴訟物の個数	１個

主文・請求の趣旨（本試験の設問１(2)の解答）

被告は、別紙登記目録記載の抵当権設定登記の抹消手続をせよ。

◎1　概要

Ｘが所有する甲土地には、Ｙ名義の抵当権設定登記があることで、占有以外の態様で、Ｘによる甲土地の完全支配が妨害されていますから、Ｘは、物権的請求権の３類型のうち、妨害排除請求権を行使し、Ｙに対し、上記登記の抹消を求めることができます。

◎2　仮執行宣言の申立ての要否

意思表示を命ずる判決は、その確定時に、当該意思表示がされたものと擬制します（民執177条１項）から、確定前に、仮に判決を執行するということを観念することはできません。そこで、登記手続をするとの意思表示を命ずる判決には仮執行宣言（民訴259条１項）を付することはできないというのが判例（最判昭和41年６月２日裁判集民事83号675頁）です。

したがって、原告としても、訴状において、仮執行宣言の申立てをする必要はありません（本試験の設問１(3)の解答）。

3　当事者の主張

◎1　請求原因

抽象的要件	要件事実
原告の前主の土地所有	Ａ　R2.5.1　甲土地所有
前主と原告との売買契約の成立	Ａ・Ｘ　R2.5.1 甲土地　売買 代金　500万円
被告が占有以外の態様で所有権を侵害	甲土地にＹ名義の抵当権設定登記

ア 概 要

口頭弁論終結日にまさに発生した妨害排除請求権が訴訟物ですから、その発生要件は「原告の現在の当該不動産の所有」と「現在の被告名義の登記」になりますが、前者は、被告の権利自白の態様によって主張内容が異なります。

イ Xの所有

本問では、Yが、Aの令和2年5月1日当時の甲土地所有を認めていますから、これが権利自白により確定します。そこで、Xは、同日にAから甲土地を買ったことを主張立証すれば、甲土地の所有権がAからXに移転したことが認められ、請求原因段階では、それが現在まで存続していることになります。

ウ Y名義の登記

甲土地にY名義の抵当権設定登記が現在あることが要件事実になります。

➡本試験設問1⑷の解答は、「Aは、Xに対し、令和2年5月1日、甲土地を500万円で売った。」と「甲土地について、Yを抵当権者とする別紙登記目録記載の抵当権設定登記がなされている。」となります。

2 抗弁――登記保持権原

ア 概 要

Yは、当該抵当権設定登記が有効であることを抗弁とすることができます。

この抗弁の中では、Yを抵当権者とする抵当権設定契約が成立したことも要件事実となります。この契約を締結する際には、抵当権の設定者が当該不動産を所有していなければなりませんが、抵当権の設定者であるBは、甲土地の所有者ではありませんでした。そこで、Yを救済するための法理として、民法94条2項類推適用というものが必要となります。

イ 抽象的要件

抵当権設定登記が有効であるためには、実体的有効要件と手続的有効要件を具備しなければなりませんが、後者については、本問では、有効であることに争いがありませんから、その主張を省略することができます（あるいは、本試験の設問2⑵のように、抽象的に、「当該登記は、抵当権設定契約に基づく」などと主張しておけば足ります）。

抵当権設定登記の実体的有効要件としては、①被担保債権の発生原因（本試験の設問2⑵(ii))、②①を被担保債権とする抵当権設定契約が成立したこと、③②の際に当該不動産が設定者の所有に属したことが必要です。本問では、このうち①と②は充足していますが、③を充足していません。抵当権設定者であるＢは、甲土地の所有者ではないからです。

➡そのため、本試験の設問２⑴の抗弁を提出することはできません。

しかし、Ｙは、甲土地の所有名義がＢであったことから、Ｂが甲土地の所有者であると信じて、抵当権の設定契約をしたものです。しかも、甲土地をＢ名義にしたのは、真の所有者であるＸです。このような場合、ＸよりもＹを保護すべきであり、そのための理論として民法94条２項類推適用というものがあります。

これは、④Ｂが甲土地の所有者であるかのような外観（＝Ｂ名義の所有権移転登記）があり、⑤真の権利者であるＸが、この概観の作出につき帰責性がある場合、⑥この概観を真実と信じて、Ｂから甲土地の抵当権の設定を受けたＹには、民法94条２項が類推適用され、Ｘは、この概観が虚偽であることをＹに対抗することができないというものです（その結果、Ｘを所有者、Ｙを抵当権者とする抵当権が発生します）。

この理論に従うと、③を充足せずとも、④〜⑥を充足すれば、抵当権設定登記の実体的有効要件が具備されるというわけです。

ウ　要件事実

以上の抽象的要件に該当する要件事実は次のようになります（本試験の設問２⑵(i)の解答）。

①　Ｙが、令和２年８月１日、Ｂに対し、600万円を貸し付けたこと

②　ＹとＢが、同日、①の貸金債権を被担保債権として、甲土地に、Ｙの抵当権を設定する合意をしたこと

④　②の当時、甲土地には、Ｂ名義の所有権移転登記があったこと

⑤　④は、（真の所有者である）Ｘの意思に基づくものであったこと

➡⑤の中の「Ｘが真の所有者であること」は、請求原因において明らかになっています。

⑥　Ｙは、②の当時、甲土地がＢの所有に属すると信じていたこと

◇３　再抗弁――消滅時効

抵当権の被担保債権である貸金債権が時効消滅したとの主張です。物上保証人であるＸは、独自の時効の援用権を有しています（民法145条の「時効によって直接に利益を受ける者」）。

この貸金債権の弁済期である令和２年12月１日から５年が経過した日である令和７年12月１日に消滅時効が完成したことになります（民166条１項

1号)。

そこで、要件事実は次のようになります。

① B・Yが、当該貸金債権の弁済期を令和2年12月1日とする合意をしたこと

② 令和7年12月1日が経過したこと

③ Xが、Yに対し、上記時効を援用するとの意思表示をしたこと

4 再々抗弁――時効の更新

ア 概 要

Bは、令和4年12月1日、Yに対し、貸金債務の一部として100万円を弁済していますが、これは、貸金債務を承認したことにほかなりません。そこで、これにより、Bとの関係で、時効が更新されたことになります(民152条1項)。

そして、主債務者について時効が更新されると、物上保証人との関係でも主債務の時効が更新するとされています(最二小判平成7年3月10日裁判集民事174号811頁)から、Yは、このことをXに対しても主張できることになります(本試験の設問3⑴の解答)。

イ 要件事実

したがって、本再々抗弁の要件事実は、「Bが、令和4年12月1日、Yに対し、貸金債務の弁済として100万円を交付したこと」となります。

5 時効援用権の喪失の再々抗弁の成否

Bは、貸金債権の消滅時効が完成した後である令和7年12月25日に、Yに対し、貸金債務の一部として200万円を弁済していますが、これは、貸金債務を承認したことにほかなりません。そこで、これにより、Bは、時効の援用権を喪失します(最大判昭和41年4月20日民集20巻4号702頁)。

しかし、時効の援用権の喪失の効果は相対的であり、他の者には影響しません(大阪高判平成7年7月5日判タ897号116頁)。したがって、この債務の承認によっても、物上保証人であるXの時効援用権は喪失しませんから、このことは本問においては再々抗弁になりません(本試験の設問3⑵の解答)。

第11 令和３年司法試験予備試験論文式試験

[法律実務基礎科目(民事)]

1　事案の概要

Xの言い分

私は、令和２年６月 15 日、娘の夫であるＹに対し、私が所有する甲建物を賃貸しました。賃貸期間は同年７月１日から３年間、賃料は月額 10 万円とし毎月末日限り当月分を支払う、敷金は 30 万円との約定とし、その旨の契約書（本件契約書といいます）を作成し、Ｙから敷金 30 万円の交付を受け、同年７月１日、Ｙに甲建物を引き渡しました。

ところが、Ｙは、令和２年７月 30 日に同月分の賃料の一部として５万円を支払った以外は、賃料の支払をしません。

そこで、私は、Ｙに対し、令和２年７月分から同年 12 月分までの賃料合計 60 万円から弁済済みの５万円を控除した残額である 55 万円の支払を請求したいと思います。

なお、Ｙは、Ａに対して、令和２年 12 月２日に壺を売った 50 万円の売掛債権を有している以外には、めぼしい財産を有していないようです。

Ｙの言い分

私は、妻の父であるＸから甲建物を賃借したのではなく、無償で甲建物を使用させてもらっています。敷金を入れたこともありません。

本件契約書の賃借人欄の氏名は明らかにＸの筆跡ですし、私の氏名の横の印影は、私の三文判をＸが盗用したものです。なお、Ｘは、週に２日は孫に会いに私の自宅に来ていましたので、この印鑑の在りかを知っていたはずです。ちなみに、私がＸに５万円を支払ったのは、借りていたお金を返しただけです。

また、Ｂは、令和２年８月１日、Ｘに対し、弁済期を同年 10 月 15 日として 50 万円を貸し付け、令和３年１月５日、Ｘから、この借入金債務の支払に代えて、甲建物の賃料債権を譲り受けたそうです。そうであれば、私はＸからの賃料請求を拒めることができるはずです。

もし、以上の主張が認められないのであれば、私は、Ｘに対して敷金 30 万円を差し入れていることになるはずですから、敷金返還請求権をもって相殺したいと思います。

2 訴訟物

訴訟物（本試験の設問1(1)の解答）	賃貸借契約に基づく賃料支払請求権
訴訟物の個数	1個

主文・請求の趣旨（本試験の設問1(2)の解答）

被告は、原告に対し、55万円を支払え。

1 概要

賃貸人が賃借人に対し賃料を請求する訴訟です。賃料債権は、賃貸人が目的物を賃借人に引き渡し、賃借人の使用収益可能な状態に置けば、その後は、時の経過につれて日々発生するものと解されています。

もっとも、日々新たに発生した賃料債権は、既往のものと一体化しますから、訴訟物の個数は1個です。

2 一部請求

ア 概 要

原告は、令和2年7月から12月までの賃料を請求していますから、その総額は、本来60万円のはずです（賃料5万円の弁済は、請求権の一部消滅事由であり、請求原因では問題になりません）。しかし、そのうち55万円のみを請求していますから、この請求は一部請求になっています。

➡なお、被告は、そもそも原告と賃貸借契約を締結したこと自体を争っていますが、この賃料5万円の弁済の主張は、原被告間で賃貸借契約が締結されたことを推認させる間接事実の主張としての意味も有しています（本試験の設問1(4)(ii)の解答）。

イ 外側説

原告の一部請求に対し、5万円の賃料の弁済の主張が一部抗弁の先行自白になるわけでもありません。いわゆる外側説によると、一部請求に対し、一部弁済がされた場合、それは、請求されていない外側の部分から先に充当されるからです。本問において、5万円の賃料の弁済は、請求されていない外側部分（60万円のうちの5万円）に充当され、一部請求部分（60万円のうちの55万円）は何ら消滅しませんから、消滅の抗弁になり得ないという訳です（本試験の設問1(4)(i)の解答）。

◎3　民事保全

Ｙは、Ａに対する50万円の売掛債権以外には、めぼしい財産を有していないというのですから、この債権を仮差押えしておく必要があります。

なお、このほかに、Ｘは、Ｙに代位して、Ａを被告とする債権者代位訴訟を提起して、この売掛債権を自ら訴求するという方法も考えられますが、その訴訟を提起している間に、ＡがＹに弁済してしまい（民423条の５参照）、この売掛債権が消滅してしまうリスクがありますから、この方法は採るべきではありません（本試験の設問２の解答）。

3　当事者の主張

◎1　請求原因

抽象的要件	要件事実
賃貸借契約の成立	X・Y　R2.6.15 甲建物　賃貸 賃料　月額10万円
目的物の引渡し	X→Y　R2.7.1 甲建物　引渡し
当該賃料に対応する期間の経過	R2.7～12の各末日の経過

ア　抽象的要件

賃料債権の発生原因として、①賃貸借契約の成立が必要であることはいうまでもありません。

賃貸借の冒頭規定である民法601条によると、賃貸借契約の成立要件として、目的物を使用収益させる合意、その対価である賃料支払の合意、及び、契約終了時の目的物の返還合意が必要です。

➡なお、いわゆる二段の推定により、本件契約書の成立の真正が推定されるところ、この推定を覆すだけの事情はなさそうですから、賃貸借契約の成立は認められそうです（本試験の設問４）。

また、賃料債権は、目的物が賃借人の使用収益可能な状態に置かれると、時の経過につれて日々発生すると解されていますから、賃料の発生原因として、②賃貸人が賃借人に目的物を引き渡したこと、③訴求している賃料に対応する期間の経過（令和２年７月～12月の各末日の経過）も必要となります。

なお、賃料の支払期限については、当月の末日払いとする合意がされていますが、民法614条（建物は月末払い）と同内容ですから、この合意の成立を主張する必要はありません。賃料の支払期限の合意の存在を主張しなければ、同条が適用され、令和２年７月から12月の各月末の経過により、賃料支払期限も到来したことになります。そして、この各末日の経過は、上記③と同内容ですから、上記③を主張すれば足ります（本試験の設問１⑶の解答）。

イ　要件事実

以上の抽象的要件に該当する要件事実は次のようになります。

①　Xが、令和２年６月15日、Ｙに対し、甲建物を賃料月額10万円で賃貸したこと

②　Xが、令和２年７月１日、Ｙに対し、甲建物を引き渡したこと

③　令和２年７月から12月までの各末日が経過したこと

2　債権喪失の抗弁

抽象的要件	要件事実
代物弁済の本来債務の発生原因	B・X　R 2.8.1 50万円　返還約束
	B→X　R 2.8.1 50万円　交付
代物弁済契約の成立	B・X　R 3.1.5 貸金債務の弁済に代えて 賃料債権の移転の合意

ア　概　要

原告が、賃料債権を、他人に譲渡したことで喪失したとの主張です。いったん原告に発生した債権がその後消滅したものですから、消滅の抗弁となります。

なお、この債権譲渡についていわゆる債務者対抗要件は具備されていませんが、債務者がこの債権譲渡を主張することは何ら制限されません（本試験の設問２⑴(ii)の解答）。

イ　抽象的要件

⑴　債権の譲渡原因は代物弁済契約です。本来債務は貸金債務であり、その支払に代えて賃料債権を移転するというものです。代物弁済契約をすることにより債権の移転の効果が生じます。

⑵　本来債務である貸金債務は、判例・通説によると、消費貸借契約の成立により発生します（司法研修所がこれと異なる見解であることにつき第２章「第

２　貸金返還請求訴訟」２参照）。

そして、消費貸借の冒頭規定である民法 587 条によると、消費貸借契約の成立要件は「貸主が借主に金員を交付したこと」と「借主が当該金員の返還を約束したこと」です。

ウ　要件事実

以上の抽象的要件に該当する要件事実は次のようになります（本試験の設問２(1)(i)の解答）。

①　ＢとＸが、令和２年８月１日、50 万円の返還約束の合意をしたこと

②　Ｂが、同日、Ｘに対し、50 万円を交付したこと

③　ＢとＸとの間で、令和３年１月５日、上記貸金債務の支払に代えて、賃料債権を移転する合意をしたこと

◘３　敷金返還請求権との相殺の抗弁の成否

Ｙは、敷金返還請求権との相殺の抗弁を提出しようとしていますが、敷金返還請求権は、賃貸借契約が終了した後目的物を賃貸人に明け渡した時に発生するものです（最二小判昭和 48 年２月２日民集 27 巻１号 80 頁）。賃貸借が終了もしていない時点でのこの抗弁の提出は、主張自体失当というべきです（本試験の設問２(2)の解答）。

第12 令和4年司法試験予備試験論文式試験

[法律実務基礎科目(民事)]

1　事案の概要

Xの言い分

私は、建物のリフォームを仕事としており、Yとは十年来の付き合いです。
私は、令和3年の年末頃、Yから、M市所在の建物（以下「本件建物」といいます）を飲食店に改修するための外壁・内装等のリフォーム工事（以下「本件工事」といいます）について相談を受け、令和4年2月8日、本件工事を報酬1000万円で請け負いました。
　令和4年5月28日、私は、本件工事を完成させ、本件建物をYに引き渡し、本件工事の報酬として、1000万円の支払を求めましたが、Yは、同日、700万円しか支払いませんでした。
そこで、私は、本件工事の報酬の残金300万円と支払が遅れたことの損害金全てをYに支払ってほしいと思います。

Yの言い分

請負の報酬額は1000万円ではなく700万円であり、既にその全額を弁済しています。
仮に、請負報酬額が1000万円であったとしても、Xは、令和4年5月28日、本件建物の外壁に亀裂があったことから、私に対し、『700万円でいい。残りの300万円の支払はしなくてよい。』と言いました。
私は、Xに、外壁の修補を求めましたが、断られましたので、本件建物の外壁の補修工事を別の業者に依頼し、その報酬として350万円を支出しました。

2 訴訟物

訴訟物（本試験の設問１⑴の解答）	請負契約に基づく請負報酬支払請求権 履行遅滞に基づく損害賠償請求権
訴訟物の個数	２個

主文・請求の趣旨（本試験の設問１⑵の解答）

被告は、原告に対し、300万円及びこれに対する令和４年５月29日から支払済みまで年３％の割合による金員を支払え。

⑴　請負契約に基づく報酬支払請求訴訟の事例です。

⑵　主請求は、1000万円の報酬請求のうちの300万円を請求していますから、一部請求となっています。

⑶　本問の訴訟物の個数は、主請求（＝請負報酬請求）と附帯請求があることから、２個です。

3 当事者の主張

⬖1　主請求の請求原因

抽象的要件	要件事実
請負契約の成立	X・Y　R4.2.8 本件工事請負 報酬　1000万円
仕事の完成	X　R4.5.28 本件工事完成

ア　抽象的要件（本試験の設問１⑷の解答）

請負契約が成立すると請負報酬請求権が発生しますが、報酬の支払よりも仕事の完成が先履行とされていますから、仕事が完成しなれば報酬の請求をすることができません。

イ　要件事実（本試験の設問１⑶の解答）

上記抽象的要件に該当する要件事実は次のようになります。

①　原告が、被告から、令和４年２月８日、本件工事を報酬1000万円で請け負ったこと

②　原告が、同年５月28日、本件工事を完成させたこと

2 附帯請求の請求原因

抽象的要件	要件事実
催告	X→Y R4.5.28 請負報酬の支払催告
目的物の引渡し	X→Y R4.5.28 本件工事をした本件建物引渡し

ア 抽象的要件（本試験の設問1⑷の解答）

履行遅滞に基づく損害賠償請求権は、債務の履行の遅滞により債権者に損害が発生することによって発生しますから、同請求権の発生原因としては、①債務の履行が遅滞したことと、②債権者に損害が発生したこと及びその額が必要です。

このうち、①については、本問の請負報酬債務は期限の定めのない債務ですから、債務の履行を催告したことが必要となります（民412条3項）。

また、民法633条によると、仕事の引渡債務と請負報酬債務は同時履行の関係にありますから、請負人が目的物の引渡債務の履行又はその提供をしなければ、請負報酬債務は履行遅滞にはなりません。そこで、原告が、本件工事を完成させた本件建物を被告に引き渡したことが必要となります。

他方、上記②については、損害が発生したことは民法419条2項により立証が不要とされており、また、損害の額は、法定利率によって算定することができますから、②を基礎づける事実を摘示する必要はありません。

イ 要件事実（本試験の設問1⑶の解答）

上記抽象的要件に該当する要件事実は次のようになります。

① Xが、Yに対し、令和4年5月28日、本件請負報酬債務の支払を催告したこと

② Xが、同日、Yに対し、本件建物を引き渡したこと

◎3　弁済及び免除の抗弁

抽象的要件	要件事実
当該債務の本旨に従った給付	X→Y　R4.5.28 700 万円支払
上記給付は当該請負報酬債務の履行	上記支払は本件請負報酬債務の履行
免除の意思表示	R4.5.28 本件請負報酬債務の残債務を免除

ア　抽象的要件

Yは、請負報酬額を争っていますが、報酬額は請負契約の要素ですから、これを否認していることは、請負契約の成立の主張を全体として否認していることに他なりません。

➡そこで、Xは、請負契約の成立を立証しなければならなくなっていますが、契約書はなく、直接証拠は、X本人尋問の結果だけだったようです。もっとも、請負報酬を1000 万円とする見積書と 700 万円とする見積書が両方提出されており、後者は外壁工事を含まないものであったこと、外壁工事代金 300 万円をサービスしてもらったとするYの供述はにわかに信用し難いこと、後者は建物の賃貸人との関係で作られた見せかけのものにすぎないというXの供述はその信用性を疑わせる事情もないことからすると、前者が本件工事の正式の見積書というべきであり、そうすると、請求原因の請負契約の成立は認められそうです。

そのうえで、Yは、仮に、請負報酬額が 1000 万円であったとしても、そのうち、700 万円は弁済し、残りの 300 万円は免除を受けたと主張しているものです。

なお、原告は、請負報酬のうち 300 万円のみを請求していますから、被告としても、300 万円の免除を受けたことだけを主張すればいいようにも思えます。しかし、原告の請求は、1000 万円の債務のうちの 300 万円を請求をするという一部請求の形となっており、これに対し、300 万円の免除の主張をしても、それは、1000 万円の債務のうちの 700 万円の方に充当されます（外側説）から、一部請求部分は何ら消滅せず、消滅の抗弁になり得ません。そこで、被告としては、300 万円免除のほかに 700 万円の弁済も主張する必要があるというわけです（本試験の設問 2⑴ⅱの回答）。

弁済の抗弁においては、当該債務の本旨に従った給付がされたことに加え、それが当該債務の履行としてされたことの主張も必要とされています。

他方、免除の抗弁は、債権者が債務者に対し免除の意思表示をしたことを主張すれば足ります。

イ　要件事実

上記抽象的要件に該当する要件事実は次のようになります（①、②は、本試験の設問2⑴ⅰの解答）。

① Yが、Xに、令和4年5月28日、700万円を交付したこと
② ①が当該請負報酬債務の履行としてされたこと
③ Xが、Yに対し、令和4年5月28日、当該請負報酬債務の残債務を免除したこと

◘4　契約不適合責任に基づく損害賠償請求権との相殺の抗弁

抽象的要件	要件事実
目的物が引渡時に品質不適合	R4.5.28 本件建物の引渡しの際本件建物の外壁に亀裂
損害の発生及び額	Y　その修理に350万円を支出
相殺の意思表示	Y→X　相殺の意思表示

本件建物には、引渡時に、外壁に亀裂が入っており、これを修理するためにYが費用を出したというのですから、Yは、この損害賠償請求権（民415条1項）を自働債権とする相殺の抗弁を提出することができます（本試験の設問⑵の解答）。

➡なお、強制執行段階に入った後に、この相殺をした場合、その旨を請求異議事由（民執35条）にすることができます（最二小判昭和40年4月2日民集19巻3号539頁）（本試験の設問⑷の解答）。

第13 令和５年司法試験予備試験論文式試験

［法律実務基礎科目（民事）］

1　事案の概要

Xの言い分

私は、令和４年８月 17 日、Aに対し、自動車（以下「本件車両といいます）を 240 万円で売却したのですが、その際、Aの父親Yに連帯保証人になってもらい、書面を交わしました。

代金の支払は、毎月末日限り 10 万円ずつの分割払とし、Aが分割金の支払を２回以上怠ったときは催告等要せず当然に期限の利益を喪失することとし、同日に、私はAに本件車両を引き渡しました。

しかし、Aは、令和４年８月及び同年９月の各月末に 10 万円ずつ合計 20 万円を支払ったのみで、同年 10 月及び同年 11 月の各末日が経過したにもかかわらず、分割金の支払を怠っています。

そこで、私は、連帯保証人のYに対し、Aに代わって残代金 220 万円の支払を求めたいと思います。

Yの言い分

私はAの代金支払債務を連帯保証したことはありません。

また、Aは、令和４年９月中旬頃、本件車両を車検に出したところ、ライト（前照灯）の改造部分が保安基準に適合せず車検が通らなかったとこぼしていました。Aによると、Xから、本件車両は保安基準に適合しており、車検は通ると説明されたことから、本件車両の購入を決めたようですが、実際にはそうではなかったそうです。Aも、Xに対し、本件車両が保安基準に適合することを前提に本件車両を購入する旨を伝えていたそうですし、保安基準に適合しない車両と知っていれば、本件車両を購入しなかったはずです。そうであれば、仮に、私がAの債務を連帯保証したのだとしても、私としてはXの請求を拒めるのではないでしょうか。

Xの言い分

> Aが本件車両を車検に出したのは令和4年8月28日でしたが、車検業者は、同年9月15日、Aに対し、本件車両のライト（前照灯）の改造部分のため保安基準に適合しない旨を通知したそうです。私の弁護士が車検業者から確認を取りました。

2 訴訟物

訴訟物（本試験の設問1⑴の解答）	保証契約に基づく保証債務履行請求権
訴訟物の個数	1個

主文・請求の趣旨（本試験の設問1⑵の解答）

被告は、原告に対し、220万円を支払え。

1 概 要

保証契約に基づく保証債務履行請求訴訟の事例です。

連帯保証契約は、単純保証契約に連帯の特約が付されているものであって、契約類型自体は、単純保証契約であると解されています。したがって、訴訟物は、「連帯保証契約に基づく保証債務履行請求権」ではなく、単に「保証契約に基づく保証債務履行請求権」となります。

240万円の保証債務履行請求権のうちの220万円を請求していますから、一部請求となっています。

本問の訴訟物の個数は1個です。

2 民事保全

Yの財産には、不動産と預金があるようです。そこで、訴訟提起に先立ち、その仮差押えをすることが考えられます。もっとも、どちらの差押えも可能であれば、Yにとって打撃の少ない不動産を選択すべきです。そして、不動産の仮差押えだけで足りるのであれば、預金の仮差押えをする必要性（民保20条1項）は認められません。

➡もっとも、不動産がオーバーローン（＝抵当権が設定されており、不動産の時価よりも被担保債権額の方が多いこと）であるなど、不動産の仮差押えだけでは不十分なのであれ、預金の仮差押えをするしかありませんから、Ｙが所有している不動産の時価と被担保債権額を確認する必要があります（本試験の設問１⑸の解答）。

3　当事者の主張

1　請求原因

抽象的要件	要件事実
主債務の発生原因	Ｘ・Ａ　R4.8.17 自動車　売買 代金 240 万円
保証の合意	Ｘ・Ｙ　R4.8.17 上記売買代金債務を保証
当該賃料に対応する期間の経過	上記合意は書面による

ア　抽象的要件

保証債務履行請求権は、保証契約の成立によって発生しますが、同契約は書面でされたことが成立要件とされているため、書面によって同契約がされたことの主張も必要です。

また､主債務がなければ保証債務は存在し得ません（成立の付従性）から、主債務の発生原因も請求原因事実になると考えられています。

主債務は売買代金債務であり、売買契約の成立によって発生しますから、要件事実は、同契約の成立のみで足ります。

➡そのため、売買代金債務の分割金の弁済期が２回経過して期限の利益が喪失したことなどは請求原因事実になりません（本試験の設問１⑷の解答）。

イ　要件事実

上記抽象的要件に該当する要件事実は次のようになります（本試験の設問１⑶の解答）。

①　Ｘが、Ａに対し、令和４年８月 17 日、本件車両を 240 万円で売ったこと

②　Ｙが、Ｘに対し、同日、上記売買代金債務を保証したこと

③　②が書面によること

➡この書面上にあるＹの印影が､Ｙの印章によるものであることは争いがなく､したがって、この押印はＹの意思に基づいてされたものと推定されます（一段目の推定）が、しかし、Ｙは、これが自己の意思に基づくものであることを否認しています（本問の設問４⑴の解答）。Ｙは、Ａが不動産を賃借するための保証人になった際に、自己の

印章をAに預けていたところ、それを冒用されたと主張していますが、Aがそのころに不動産の賃借をしたとは認め難く、また、Yは、Xからの電話の問い合わせに対し、保証意思があることを口頭で明らかにしていますから、上記の推定が覆れたとはいえません。そうすると、上記書面はYの意思に基づいて作成されたものと推定されます（二段目の推定）から、上記②、③の事実の存在は認められます（本問の設問4(2)の

解答）。

◎2 保証債務の履行拒絶の抗弁

抽象的要件	要件事実
主債務者の動機に要素の錯誤	A 本件車両は保安基準に適合していると誤信
動機の表示	売買契約締結までに上記動機の表示
保証債務の履行を拒む旨の意思の表明	「Yは、Xに対し、Aが取消権を行使すれば売買代金債務の支払を免れるべき限度で、保証債務の履行を拒絶する。」

ア 抽象的要件

主債務者であるAに錯誤を理由とする取消権（民95条1項）が発生していれば、保証人であるYは、民法457条3項により、保証債務の履行を拒むことができます。

この取消権が発生するためには、本件売買契約の基礎とした事情についてのAの認識に、真実に反する錯誤があり、その錯誤に基づいて意思表示がされ（民95条1項）、かつ、その事情が法律行為の基礎とされていることが表示されていなければなりません（同条2項）。

また、民法457条3項は、保証債務履行請求権の行使を阻止できる旨を規定しており、権利抗弁を定めたものと解されることから、Yは、保証債務の履行を拒む旨の意思の表明をする必要があります（本試験の設問2(2)の解答）。

イ 要件事実

上記抽象的要件に該当する要件事実は次のようになります（本試験の設問2(1)の解答）。

① Aが、本件売買契約当時、本件車両は保安基準に適合していないにもかかわらず、適合していると信じていたこと

② 本件売買契約の際、本件車両が保安基準に適合していることを前提にAが本件車両を買い受けることが表示されていたこと

③ 被告が、原告に対し、Aが錯誤を理由とする取消権を行使することに

より本件売買代金債務の支払を免れるべき限度において保証債務の履行を拒絶するとの意思の表明をしたこと

◎４　法定追認の再抗弁

抽象的構成要件	抗弁事実
債務の一部の履行	R4.9.30 A→X 本件売買代金債務の履行として 10 万円給付
上記履行前に取消原因たる状況が消滅	R4.9.15 頃 A　本件車両が保安基準に適合しないことを知った

ア　抽象的要件

Ａは、本件車両が保安基準に適合しないことを知ったことで錯誤が解消されたにもかかわらず、本件売買代金債務の一部の履行をしていますから、本件売買契約を追認したものとみなされ（民 125 条）、これにより、Ａの錯誤を理由とする取消権は消滅します。

➡このことは、被告の上記抗弁による法律効果（＝請求権の行使の阻止）の発生を障害するものとなりますから、障害の再抗弁として機能します（本試験の設問３⑵の解答）。

イ　要件事実

上記抽象的要件に該当する要件事実は次のようになります（本試験の設問３⑴の解答）。

①　Ａが、令和４年９月 15 日頃、本件車両が保安基準に適合しないことを知ったこと

②　Ａが、Ｘに対し、同月 30 日、本件売買代金債務の一部の履行として 10 万円を支払ったこと

第14 司法試験予備試験に出題された論点一覧

1 平成23年

ア 訴訟物

貸金返還請求権（紛争類型別第２章）

イ 抗 弁

消滅時効（紛争類型別第２章）

2 平成24年

ア 訴訟物

賃貸借終了（賃料不払解除）に基づく賃貸建物の返還請求権
（紛争類型別第５章）

イ 抗弁その1

相殺による解除権の消滅（紛争類型別第２章（ただし相殺の抗弁））

ウ 相殺その2

留置権の抗弁

3 平成25年

ア 訴訟物

所有権に基づく返還請求権としての建物明渡請求権（紛争類型別第３章）

イ 抗 弁

占有権原－賃借権（紛争類型別第３章）

ウ 再抗弁

賃貸借の解除（無断転貸解除）

エ 再々抗弁

転貸についての承諾

4 平成26年

ア 訴訟物その1

贈与契約に基づく所有権移転登記請求権（紛争類型別第４章（ただし売買））

イ 訴訟物その2

所有権に基づく妨害排除請求権としての所有権移転登記請求権（時効取得）
（紛争類型別第４章）

ウ　抗　弁

他主占有権原（紛争類型別第4章）

5　平成27年

ア　訴訟物その1

売買契約に基づく土地引渡請求権（紛争類型別第1章）

イ　訴訟物その2

売買契約に基づく所有権移転登記請求権（紛争類型別第4章）

ウ　抗　弁

売買契約の履行遅滞解除（紛争類型別第1章）

6　平成28年

ア　訴訟物その1

所有権に基づく妨害排除請求権としての土地明渡請求権
（紛争類型別第3章）

イ　訴訟物その2

物権変動的登記請求権としての所有権移転登記請求権
（真正な登記名義の回復－請求の趣旨のみ）（紛争類型別第5章）

ウ　抗　弁

対抗要件具備による所有権喪失（紛争類型別第3・6章）

エ　再抗弁

背信的悪意

7　平成29年

ア　訴訟物

所有権に基づく返還請求権としての動産引渡請求権（紛争類型別第6章）

イ　請求原因

即時取得（紛争類型別第6章）

ウ　抗弁その1

所有権喪失（紛争類型別第3・6章）

エ　抗弁その2

対抗要件具備による所有権喪失（紛争類型別第3・6章）

8 平成30年

ア 訴訟物

貸金返還請求権（紛争類型別第２章）

イ 抗弁その１

相殺（紛争類型別第２章）

ウ 抗弁その２

弁済（紛争類型別第１章）

エ 抗弁その３

消滅時効（紛争類型別第２章）

9 平成31年

ア 訴訟物

保証債務履行請求権（紛争類型別第２章）

イ 抗弁その１

債権譲渡制限特約（紛争類型別第７章）

ウ 抗弁その２

代物弁済（紛争類型別第６章）

10 令和２年

ア 訴訟物その１

所有権に基づく妨害排除請求権としての登記抹消請求権（紛争類型別第５章）

イ 抗 弁

登記保持権原（紛争類型別第５章）

民法 94 条２項類推

ウ 再抗弁

消滅時効（紛争類型別第２章）

エ 訴訟物その２

所有権に基づく妨害排除請求権としての真正な登記名義を回復を原因とする所有権移転登記請求権（紛争類型別第５章）

11　令和3年

ア　訴訟物

賃貸借契約に基づく賃料支払請求権

イ　抗　弁

債権喪失

12　令和4年

ア　訴訟物

請負契約に基づく報酬請求権（紛争類型別第10章）

イ　抗弁

契約不適合責任に基づく損害賠償請求権との相殺

13　令和5年

ア　訴訟物

保証契約に基づく保証債務履行請求権（紛争類型別第2章）

イ　抗弁

保証債務の履行拒絶の抗弁

ウ　再抗弁

法定追認

事項別索引

<た>

<ち>

<て>

<と>

法令条文索引

民法

借地借家法

旧借地法

不動産登記法

民事訴訟法

民事訴訟規則

民事執行法

民事保全法

判例年月日別索引

＜平成＞

要件事実入門　紛争類型別編　第３版

平成30年７月１日　初版第１刷発行
令和６年５月10日　第３版第１刷発行

著　者　岡口　基一

発行者　株式会社　創耕舎

発行所　株式会社　創耕舎

〒136-0074　東京都江東区東砂4-24-3-332
　　　　　　コスモ21 ザ・ガーデンズフォート
TEL/FAX　03－5875－0704
URL　https://soko-sha.com/

〈検印省略〉

　印刷・製本　モリモト印刷株式会社

・定価はカバーに表示してあります。
・落丁・乱丁はお取り替えいたします。

ISBN978-4-908621-22-2 〈C3032〉